DISCLAIMER

The author and publisher are providing this book and its contents on an "as is" basis and make no representations or warranties of any kind with respect to this book or its contents. The author and publisher disclaim all such representations and warranties, including but not limited to warranties of merchantability. In addition, the author and publisher do not represent or warrant that the information accessible via this book is accurate, complete, or current.

Except as specifically stated in this book, neither the author nor publisher, nor any authors, contributors, or other representatives will be liable for damages arising out of or in connection with the use of this book. This is a comprehensive limitation of liability that applies to all damages of any kind, including (without limitation) compensatory; direct, indirect, or consequential damages; loss of data, income, or profit; loss of or damage to property; and claims of third parties.

This Book Comes With Free Bonus Puzzles

Available Here:

BestActivityBooks.com/WSBONUS20

5 TIPS TO START!

1) HOW TO SOLVE

The Puzzles are in a Classic Format:

- Words are hidden without breaks (no spaces, dashes, ...)
- Orientation: Forward & Backward, Up & Down or in Diagonal (can be in both directions)
- Words can overlap or cross each other

2) ACTIVE LEARNING

To encourage learning actively, a space is provided next to each word to write down the translation. The **DICTIONARY** allows you to verify and expand your knowledge. You can look up and write down each translation, find the words in the Puzzle then add them to your vocabulary!

3) TAG YOUR WORDS

Have you tried using a tag system? For example, you could mark the words which have been difficult to find with a cross, the ones you loved with a star, new words with a triangle, rare words with a diamond and so on...

4) ORGANIZE YOUR LEARNING

We also offer a convenient **NOTEBOOK** at the end of this edition.
Whether on vacation, travelling or at home, you can easily organize your new
knowledge without needing a second notebook!

5) FINISHED?

Go to the bonus section: **MONSTER CHALLENGE** to find a free
game offered at the end of this edition!

Want more fun and learning activities? It's **Fast and Simple!**
An entire Game Book Collection just **one click away!**

Find your next challenge at:

BestActivityBooks.com/MyNextWordSearch

Ready, Set... Go!

Did you know there are around 7,000 different languages in the world? Words are precious.

We love languages and have been working hard to make the highest quality books for you. Our ingredients?

A selection of indispensable learning themes, three big slices of fun, then we add a spoonful of difficult words and a pinch of rare ones. We serve them up with care and a maximum of delight so you can solve the best word games and have fun learning!

Your feedback is essential. You can be an active participant in the success of this book by leaving us a review. Tell us what you liked most in this edition!

Here is a short link which will take you to your order page.

BestBooksActivity.com/Review50

Thanks for your help and enjoy the Game!

Linguas Classics Team

1 - Antiques

```
P  J  C  P  U  L  Ş  F  M  I  L  Z  H  U  E
M  O  B  I  L  Y  A  R  S  Y  S  S  E  M  Z
S  B  K  L  E  K  Y  E  H  V  L  V  T  Y  A
D  A  J  G  N  S  L  Ğ  Q  N  K  K  I  J  R
N  B  N  R  B  İ  O  E  G  A  F  Ş  L  Y  I
H  N  I  A  Y  K  D  D  R  C  İ  M  A  İ  F
O  D  V  F  T  K  O  T  A  N  T  I  K  R  S
T  F  T  N  I  E  I  Q  V  B  A  R  J  E  T
A  F  V  D  R  Y  U  I  M  G  R  I  H  L  Y
R  I  Ş  I  D  N  A  Ğ  A  L  O  T  Q  A  Ü
Z  F  B  O  A  F  H  T  U  I  K  A  T  G  Z
H  E  R  D  U  F  N  P  U  M  E  Y  F  A  Y
Q  R  R  K  Q  M  E  M  K  J  D  U  Y  L  I
R  E  S  T  O  R  A  S  Y  O  N  A  O  H  L
B  H  F  Y  H  G  P  J  E  N  T  S  K  T  Q
```

SANAT	TAKI
OTANTIK	YAŞ
YÜZYIL	FIYAT
SİKKE	KALITE
ŞART	RESTORASYON
DEKORATİF	HEYKEL
ZARIF	TARZ
MOBILYA	OLAĞAN DIŞI
GALERİ	DEĞER
YATIRIM	

2 - Food #1

```
B A L I K B I G Ş Q D A U F H
U J G H K E C G E K E R J I Q
K A Y I S I Y Q K H S P N S V
F H H E S N S Y E Z E A A T S
R E K J A A U A R U U I R I E
K A S M I R A S L T Ü S M K M
M A G L A Ş E O D A A U U E G
U Y U S E V Y E M M T R T F D
F M P Z M Ğ N Z F Q D A Ç Y D
B B U C U J E Ç O R B A U I A
E M Y U F D E N O M İ L V C N
I A D Y T I F S V T M H A B V
G I S P A N A K U T G U H I T
F G L J M O P L D L Y K U M C
Ç İ L E K N E E J S O Ğ A N C
```

KAYISI
ARPA
FESLEĞEN
HAVUÇ
TARÇIN
SARIMSAK
MEYVE SUYU
LİMON
SÜT
SOĞAN

FISTIK
ARMUT
SALATA
TUZ
ÇORBA
ISPANAK
ÇİLEK
ŞEKER
BALIK
ŞALGAM

3 - Measurements

```
T  K  D  Z  L  G  E  N  İ  Ş  L  İ  K  Z  U
O  E  O  N  V  İ  M  O  G  B  L  Q  M  B  Z
N  T  D  K  E  R  T  E  M  İ  T  N  A  S  U
M  E  T  R  E  Z  M  R  O  K  Y  V  R  H  N
N  B  P  I  B  F  E  Y  E  Z  A  U  G  Q  L
A  H  J  L  D  E  R  E  C  E  B  V  C  O  U
K  İ  L  O  G  R  A  M  I  C  A  H  Z  U  K
L  E  Y  M  Q  G  O  V  Y  S  F  C  A  S  V
O  A  Ğ  I  R  L  I  K  I  L  N  İ  R  E  D
R  N  D  A  K  İ  K  A  O  R  F  O  B  R  N
K  B  D  Y  Ü  K  S  E  K  L  I  K  U  F  Q
I  B  S  A  B  I  U  N  A  E  L  M  P  P  A
T  O  U  E  L  K  A  K  G  Q  O  I  B  Z  C
L  J  İ  N  Ç  I  K  İ  L  O  M  E  T  R  E
E  K  N  P  J  L  K  D  P  N  D  K  B  I  S
```

BAYT	UZUNLUK
SANTİMETRE	LİTRE
ONDALIK	KITLE
DERECE	METRE
DERINLIK	DAKİKA
GRAM	ONS
YÜKSEKLIK	TON
İNÇ	HACIM
KİLOGRAM	AĞIRLIK
KİLOMETRE	GENIŞLIK

4 - Farm #2

```
Ç  K  T  Ü  S  R  Q  M  N  Q  Z  Q  R  H  Q
A  Y  R  I  H  A  K  S  S  M  I  S  I  R  K
Y  B  A  D  I  G  C  P  Q  U  Ö  R  D  E  K
I  U  K  E  M  Ü  Y  Ü  B  K  L  A  R  P  A
R  Ğ  T  D  D  K  O  M  T  H  Ç  A  L  R  D
L  D  Ö  U  M  N  N  K  K  A  H  O  M  O  C
D  A  R  E  E  Z  B  E  S  Y  I  E  B  A  K
O  Y  Y  B  Y  Q  R  D  G  V  J  M  Q  A  R
K  I  B  Q  V  C  H  V  J  A  I  Y  L  U  N
O  P  B  P  E  A  I  R  A  N  H  F  L  Y  L
Y  N  Y  B  L  A  M  A  O  L  T  T  Z  O  D
U  Z  U  K  A  L  N  A  N  A  L  H  G  K  R
N  M  A  Z  B  H  J  A  A  R  H  S  J  D  J
L  E  J  P  K  B  Ç  L  K  Ç  I  F  T  Ç  I
A  Z  H  U  Q  M  Z  E  D  F  D  Z  L  Q  S
```

HAYVANLAR	LAMA
ARPA	ÇAYIR
AHIR	SÜT
MISIR	BAHÇE
ÖRDEK	KOYUN
ÇIFTÇI	ÇOBAN
GIDA	BÜYÜMEK
MEYVE	TRAKTÖR
SULAMA	SEBZE
KUZU	BUĞDAY

5 - Books

```
M F A H Z E İ G O A C M Z O L
İ K N İ Ö M Q L S A Y F A A Y
Z P L R Z Y V F G M A C E R A
A O A A O D K R K İ L İ K İ Y
H K T T C M R Ü O I L I Z A Y
İ U I M P A A J L G E İ I I O
A Y C Y F L T N E P O A C R
F U I P F Ğ A Y K I M H O E Y
F C D R B A N A S L N H F Y U
K U Z R M B D R I I Ş U E E E
D E S T A N I A Y Y Z B D D C
H A L L I E Z T O A U H E V D
R P Z L J P I I N Z U J B F G
M N H C R R C C J A A D Î F O
T R A J İ K C I A R F R K J G
```

MACERA	ANLATICI
YAZAR	ROMAN
KOLEKSIYON	SAYFA
BAĞLAM	ŞIIR
İKİLİK	OKUYUCU
DESTAN	İLGİLİ
TARİH	DIZI
MİZAHİ	ÖYKÜ
YARATICI	TRAJİK
EDEBÎ	YAZILI

6 - Meditation

```
S  M  F  Ö  Ğ  R  E  N  M  E  K  H  K  D  N
E  A  I  C  U  C  C  T  I  Q  J  S  P  O  E
S  Ç  T  N  H  A  R  E  K  E  T  G  M  Ğ  Z
S  I  K  F  N  I  Q  U  Y  A  N  I  K  A  A
I  K  E  D  G  E  N  A  I  O  G  S  J  A  K
Z  L  P  B  Ü  Y  T  E  M  A  H  R  E  M  E
L  I  S  T  A  Ş  B  T  O  Y  U  Y  R  D  T
I  K  R  V  B  R  Ü  R  A  L  U  G  Y  U  D
K  E  E  T  U  U  I  N  M  R  A  K  I  L  N
K  O  P  E  F  K  T  Ş  C  R  L  O  B  B  B
I  Y  Y  K  V  N  C  C  N  E  N  I  K  A  S
Z  İ  H  İ  N  S  E  L  A  K  L  S  K  O  U
Ü  N  E  F  E  S  A  L  M  A  J  E  L  H  U
M  A  F  C  C  Y  R  E  P  V  T  J  R  M  H
G  K  H  T  Q  T  N  Q  V  R  K  A  B  U  L
```

KABUL	AKIL
UYANIK	HAREKET
NEFES ALMA	MÜZIK
SAKIN	DOĞA
AÇIKLIK	BARIŞ
MERHAMET	PERSPEKTIF
DUYGULAR	SESSIZLIK
MINNETTARLIK	DÜŞÜNCELER
NEZAKET	ÖĞRENMEK
ZİHİNSEL	

7 - Days and Months

```
C U N I H K C D I L A S Z G Ç
U P A Z A R T E S I Y I M Q A
M I S A K E J P J Ş D T Z L R
A Z I V V D Y G A U U I R B Ş
R L N O I B F L I Y Y B K C A
T S V V D P Y A Ü K K R A D M
E G S P Q H M S A L G V C T B
S O T S U Ğ A U H S E V O Y A
I P E R Ş E M B E N C U M A Q
O R T Q E E Q H J I F V I N F
O E U K P R H D G R M F K N I
O R F Y V A A M A R T I E T N
T E M M U Z F Z Q N J V K Q A
P C E H H G T T A K V I M T E
D K A G T P A E Y P B B B B G
```

NISAN	KASIM
AĞUSTOS	EKIM
TAKVIM	CUMARTESI
ŞUBAT	EYLÜL
CUMA	PAZAR
OCAK	PERŞEMBE
TEMMUZ	SALI
MART	ÇARŞAMBA
PAZARTESI	HAFTA
AY	YIL

8 - Energy

```
D D K V T K S T Z U Y O K V Z
N E Z N G I Y Ü N V K A G S S
O F P K Y R K R İ Ü Z O K E R
V I N G L L R B Z T K V H I E
I Z L A L I R İ N J M L U S T
P N N V E L M N E N Y Z E I P
B U H A R I N O B R A K B E O
F P I L N K E T T Q N Y B R R
D N G İ A R N O G O E E C F S
M I G P T Ü D F I J R G Q H N
M A Z O T Z Ü E L E K T R İ K
P L V R B G S E L E K T R O N
Z I T T R A T V G A Ç E V R E
H G A N N R R H İ D R O J E N
F C P E B M I Q R I Q I O U B
```

PIL	HİDROJEN
KARBON	ENDÜSTRI
MAZOT	MOTOR
ELEKTRİK	NÜKLEER
ELEKTRON	FOTON
ENTROPİ	KIRLILIK
ÇEVRE	BUHAR
YAKIT	TÜRBİN
BENZİN	RÜZGAR
ISI	

9 - Chess

```
H  H  K  B  T  A  U  E  H  K  P  K  U  G  I
Z  O  U  C  N  U  Y  O  A  E  A  O  R  K  B
P  R  T  S  E  Z  R  K  K  M  S  Y  E  S  E
I  Z  B  S  L  G  D  N  D  F  I  A  T  C  Y
K  U  R  B  A  N  T  O  U  S  F  A  G  O  A
A  M  Ş  I  R  A  Y  Y  Z  V  N  L  O  S  Z
R  N  O  B  K  K  N  U  O  S  A  G  H  J  I
T  J  N  G  H  F  S  N  P  J  M  T  K  L  R
Ü  O  Y  P  Y  H  Y  S  T  R  A  T  E  J  İ
Z  Ş  A  M  P  İ  Y  O  N  P  Z  M  M  E  B
Ü  S  I  J  K  R  A  L  I  Ç  E  H  N  U  Y
K  L  I  J  P  V  Ç  A  P  R  A  Z  E  O  T
K  L  Z  Y  O  L  Y  T  Y  I  D  D  R  G  K
A  P  C  R  A  L  K  U  L  R  O  Z  Ğ  V  G
A  I  L  C  K  H  S  L  V  A  L  Z  Ö  S  U
```

SIYAH	OYUNCU
ZORLUKLAR	KRALIÇE
ŞAMPİYON	TÜZÜK
YARIŞMA	KURBAN
ÇAPRAZ	STRATEJİ
OYUN	ZAMAN
KRAL	ÖĞRENMEK
RAKIP	TURNUVA
PASIF	BEYAZ

10 - Archeology

```
K R E L K İ M E K B P A U U P
K A Ç R A P T M P O R Y S N H
D Z L Ö D S L J P F O F M U K
Y E Z İ L A N A S O F B E T I
M M Ğ A N L J G F S E K D U A
K G G E C T J I T İ S V E L T
Ç S G U R V I Z O L Ö M N M A
N A M Z U L O E C M R T I U P
O Z Ğ N V L E M Z V H A Y Ş I
R Y Q C O C E N S E N K E V N
P V P I R L J R D S F I T J A
J S V H Y J L F Z I K M R J K
D I C A M R I T Ş A R A E C V
S B I L I N M E Y E N M O T S
U T B Z D Q K S C U N K E Y B
```

ANALIZ
KEMİKLER
MEDENIYET
DÖL
ÇAĞ
DEĞERLENDIRME
UZMAN
UNUTULMUŞ
FOSİL
PARÇA

GIZEM
NESNE
PROFESÖR
KALINTI
ARAŞTIRMACI
TAKIM
TAPINAK
MEZAR
BILINMEYEN

11 - Food #2

```
P  S  D  S  K  M  N  Ü  Z  Ü  M  Y  G  K  N
I  S  A  S  L  A  H  O  U  H  T  O  V  Z  B
R  M  I  R  E  N  Z  J  M  M  L  A  M  L  E
I  A  K  S  E  T  A  M  O  D  Q  Y  V  F  F
N  Z  N  F  R  A  B  A  L  I  K  U  B  U  L
Ç  O  S  İ  G  R  I  N  Y  E  P  M  R  Y  K
K  İ  V  İ  G  Z  Y  P  M  U  Y  U  O  O  K
S  E  R  P  Y  N  O  B  M  A  J  R  K  B  C
C  V  V  E  L  T  E  R  T  A  N  T  O  B  M
K  I  R  A  Z  D  U  B  R  Y  V  A  L  K  P
Ç  İ  K  O  L  A  T  A  U  M  D  U  İ  J  Y
P  A  T  L  I  C  A  N  Ğ  Ğ  E  L  B  Y  V
K  E  R  E  V  İ  Z  T  O  Z  D  I  B  L  P
A  O  S  D  E  N  E  N  Y  P  Z  A  U  L  F
Q  C  M  V  V  A  F  G  Z  N  J  O  Y  O  V
```

ELMA	PATLICAN
ENGİNAR	BALIK
MUZ	ÜZÜM
BROKOLİ	JAMBON
KEREVİZ	KİVİ
PEYNIR	MANTAR
KIRAZ	PIRINÇ
TAVUK	DOMATES
ÇİKOLATA	BUĞDAY
YUMURTA	YOĞURT

12 - Chemistry

```
K T K H Y O F N E J O R D İ H
T J I H F O D Ü F T R O G L M
S L G Q A T I K P L Ö L F A O
S I B L R G M L G H Z K C K L
B F V V B C İ E V G İ N C L E
L V Y I G A Z E R P L Y N A K
O K S İ J E N R R L A S O R Ü
N K Z B J L E C P T T I R N L
D P P O D A S İ T U A C T O H
A F K G Q Q I J S Z K A K B U
C T K B S V S T V R K K E R V
Q Q O L Z G I E İ Y S L L A P
P Z O M A Ğ I R L I K I E K F
M C S P İ L Y N B K H K P C Q
I S U T T K İ N A G R O E T O
```

ASİT	HİDROJEN
ALKALİ	İYON
ATOMİK	SIVI
KARBON	MOLEKÜL
KATALİZÖR	NÜKLEER
KLOR	ORGANİK
ELEKTRON	OKSİJEN
ENZİM	TUZ
GAZ	SICAKLIK
ISI	AĞIRLIK

13 - Music

E	R	L	M	A	V	P	J	C	K	R	K	U	N	G
D	N	E	Y	S	İ	Z	Ü	M	O	F	L	I	R	C
B	R	S	V	O	K	A	L	Ü	R	J	A	B	D	I
B	İ	R	T	F	S	T	Q	B	O	R	S	R	Q	D
V	T	İ	T	R	E	O	L	L	F	B	İ	R	S	Z
A	İ	İ	D	R	Ü	P	U	A	T	F	K	G	C	C
U	M	Ş	Y	İ	T	M	Y	I	C	I	K	R	A	Ş
G	Z	O	A	T	Z	E	A	N	U	K	A	Y	R	D
R	N	V	Y	M	F	T	Y	N	S	F	Y	Z	E	A
R	M	K	K	İ	N	O	M	R	A	H	I	D	P	H
A	G	N	İ	K	M	E	L	O	D	İ	T	Q	O	E
N	Y	M	R	H	T	M	Ü	Z	İ	K	A	L	Z	N
M	M	M	İ	E	K	L	E	K	T	İ	K	D	N	K
J	V	H	L	M	İ	K	R	O	F	O	N	P	B	L
V	P	J	D	T	N	N	Z	N	H	K	Z	S	O	V

ALBÜM	MÜZİKAL
KORO	MÜZİSYEN
KLASİK	OPERA
EKLEKTİK	ŞİİRSEL
HARMONİK	KAYIT
AHENK	RİTİM
ENSTRÜMAN	RİTMİK
LİRİK	ŞARKICI
MELODİ	TEMPO
MİKROFON	VOKAL

14 - Family

```
N E H T Ç L P Y U Z R J O F T
F B N U R O T K E K R E U N P
N R A L K U C O Ç H L E Q E U
U V Z Y J K Z U K E E K C Ğ J
B O D O H I C I K G A A E E V
Ü R C M D Z N T U A C M M Y K
Y A R Y R K T A L V E Z I K U
Ü A C A Y A H L K T H S G E Z
K A M C A R J V U I E H Q K E
A G T Y C D Q U C L N Y A R N
N Y N A O E D H O Y N I Z E T
N E V Y K Ş D H Ç B A B A E I
E Ğ B Ü Y Ü K B A B A T Y Y C
Ş E D R A K K E K R E F G U P
U N U R O T N K A D I N E Ş A
```

ATA	BÜYÜKANNE
TEYZE	ERKEK TORUN
ERKEK KARDEŞ	KOCA
ÇOCUK	ANNE
ÇOCUKLUK	ERKEK YEĞEN
ÇOCUKLAR	YEĞEN
KUZEN	BABA
KIZ EVLAT	KIZ KARDEŞ
TORUN	AMCA
BÜYÜK BABA	KADIN EŞ

15 - Farm #1

```
F  M  Y  I  J  K  L  T  Z  Y  V  A  B  H  D
V  I  Z  O  H  N  A  L  A  Q  M  V  U  S  B
U  Q  N  O  Z  İ  B  R  T  B  U  S  Z  A  V
E  U  M  H  K  E  D  İ  G  H  H  V  A  M  V
L  Y  Z  R  K  S  I  B  A  O  I  Ğ  A  G
G  Ü  B  R  E  U  M  I  R  A  T  A  I  N  C
O  U  H  O  R  G  Y  D  Ç  N  I  R  I  P  A
K  U  R  Z  U  Q  L  İ  N  E  K  I  H  R  O
I  R  G  I  K  Z  T  A  V  U  K  E  Ş  E  H
L  I  O  S  I  Q  F  E  G  O  N  D  Y  Y  R
M  T  K  C  G  A  U  T  K  I  G  E  Q  P  R
C  T  O  F  O  N  H  Z  O  Ö  L  H  B  O  F
Y  A  E  T  Y  E  E  C  D  P  P  J  H  C  D
K  L  R  A  D  F  V  D  C  H  O  E  G  U  R
N  I  K  Ç  I  T  S  R  G  C  B  U  K  K  O
```

TARIM	ÇIT
ARI	GÜBRE
BİZON	ALAN
BUZAĞI	KEÇI
KEDİ	SAMAN
TAVUK	BAL
İNEK	AT
KARGA	PIRINÇ
KÖPEK	TOHUM
EŞEK	SU

16 - Camping

```
E  P  M  N  Y  Y  B  J  E  B  V  A  S  B  L
Ğ  A  D  P  U  S  U  L  A  K  I  O  M  O  B
L  M  R  S  T  Z  V  Ö  Y  C  A  Q  N  H  U
E  Z  U  V  Q  R  G  G  H  M  O  N  T  Y  R
N  A  M  R  O  Z  G  T  R  K  B  C  O  V  G
C  Q  Q  E  H  G  T  I  A  V  C  I  L  I  K
E  V  A  C  B  Q  H  M  L  Z  L  V  O  A  N
H  L  E  H  Ö  D  N  A  N  İ  B  A  K  Ğ  G
V  A  T  Q  C  P  J  C  A  A  P  M  Ç  A  M
Y  F  R  U  E  Z  D  E  V  R  K  Y  A  Ç  Y
B  M  Ş  İ  K  G  T  R  Y  B  D  R  D  L  C
N  I  A  K  T  B  N  A  A  A  A  R  I  A  B
T  K  P  O  K  A  M  A  H  J  T  Z  R  R  O
V  H  K  I  P  D  O  Ğ  A  D  E  C  N  K  C
P  V  A  A  R  Z  R  Q  E  A  Ş  A  D  N  G
```

MACERA	AVCILIK
HAYVANLAR	BÖCEK
KABİN	GÖL
KANO	HARİTA
PUSULA	AY
ATEŞ	DAĞ
ORMAN	DOĞA
EĞLENCE	IP
HAMAK	ÇADIR
ŞAPKA	AĞAÇLAR

17 - Algebra

```
U  H  B  B  A  S  İ  T  L  E  Ş  T  İ  R  E
V  F  Ö  F  Y  Z  Ç  Ö  Z  Ü  M  Q  O  I  D
K  Q  L  G  C  N  I  R  E  A  L  F  A  F  E
A  C  Ü  U  N  V  H  G  T  E  E  P  Q  I  Ğ
V  G  M  F  N  S  Q  G  N  A  U  Y  B  S  I
S  O  N  S  U  Z  F  N  A  A  P  G  T  L  Ş
D  E  N  K  L  E  M  A  R  G  A  Y  İ  D  K
U  Ç  F  E  P  Y  C  C  A  S  O  R  U  N  E
U  Y  I  A  J  D  H  U  P  İ  Ü  I  N  T  N
F  A  N  K  K  U  C  R  T  R  F  S  U  A  J
O  N  Q  P  A  T  N  T  L  T  T  E  M  U  N
R  L  Q  P  R  R  Ö  Z  F  A  C  K  A  U  D
M  I  Q  O  R  V  M  R  V  M  D  Z  R  M  M
Ü  Ş  G  M  O  F  R  A  S  E  P  J  A  V  M
L  A  S  U  R  Ğ  O  D  P  E  F  O  K  M  Q
```

EK	DOĞRUSAL
DİYAGRAM	MATRİS
BÖLÜM	NUMARA
DENKLEM	PARANTEZ
ÜS	SORUN
FAKTÖR	BASİTLEŞTİR
YANLIŞ	ÇÖZÜM
FORMÜL	ÇIKARMA
KESIR	DEĞİŞKEN
SONSUZ	SIFIR

18 - Numbers

```
P  S  C  Y  N  P  D  O  Z  V  Y  C  O  U  E
O  I  R  U  U  U  L  N  G  R  B  E  Q  2  O
N  F  C  K  I  L  A  D  N  O  I  S  D  A  N
I  I  Q  D  H  I  L  Ö  R  A  R  V  V  İ  Y
K  R  B  K  F  F  E  R  H  L  F  B  A  M  E
I  B  E  Ş  A  P  Q  T  U  O  L  T  O  R  D
T  F  D  J  Y  J  C  R  S  J  B  G  S  İ  I
O  C  H  L  Ü  B  I  Ö  S  G  G  D  C  Y  R
A  N  B  S  Ç  R  H  D  Y  H  Q  Z  T  T  S
L  C  Ü  J  E  Y  I  O  H  G  A  F  C  J  J
T  M  P  Ç  P  K  O  N  A  L  T  I  D  C  N
I  K  Y  I  M  V  İ  Y  N  J  B  I  O  I  A
S  K  N  C  Q  Q  F  Z  E  J  Q  I  K  Q  Z
O  N  S  E  K  I  Z  U  Q  L  O  V  U  L  K
J  O  N  D  O  K  U  Z  B  F  C  L  Z  V  I
```

ONDALIK	ON YEDI
SEKİZ	ALTI
ONSEKIZ	ON ALTI
BEŞ	ON
DÖRT	ON ÜÇ
ON DÖRT	ÜÇ
DOKUZ	ON IKI
ON DOKUZ	YİRMİ
BIR	SIFIR
YEDİ	

19 - Spices

```
C  G  B  M  Z  I  Y  Q  Q  M  K  S  O  K  T
H  E  A  N  A  S  O  N  İ  L  T  A  T  I  U
Z  L  V  L  I  Z  P  V  Q  C  Z  F  S  R  Z
K  U  Ş  İ  N  Ş  İ  K  G  S  A  R  A  M  V
İ  K  L  F  Z  O  H  J  I  V  M  A  R  I  A
M  A  N  N  A  Ğ  O  S  Y  M  K  N  I  Z  N
Y  K  B  A  H  L  O  S  C  A  C  L  M  I  İ
O  R  İ  R  Ö  K  K  I  D  R  M  D  S  B  L
N  P  K  A  Z  E  N  C  E  F  İ  L  A  İ  Y
I  E  R  K  V  P  V  G  R  L  J  L  K  B  A
Ç  J  M  A  V  C  D  G  F  E  N  E  Z  E  R
R  B  V  E  V  T  M  J  S  Z  J  T  N  R  Q
A  N  K  E  Ç  D  R  O  J  Z  S  J  K  F  N
T  F  K  H  Z  Z  A  I  H  E  Z  E  C  Q  M
K  R  K  V  A  M  E  U  J  T  Q  Z  P  R  O
```

ANASON	LEZZET
ACI	SARIMSAK
KAKULE	ZENCEFİL
TARÇIN	CEVİZ
KARANFİL	SOĞAN
KİŞNİŞ	KIRMIZI BİBER
KİMYON	SAFRAN
KÖRİ	TUZ
REZENE	TATLI
ÇEMEN	VANİLYA

20 - Universe

```
E  Y  A  E  Y  Z  Z  S  K  C  I  C  O  A  G
O  F  S  K  O  A  R  J  V  U  P  N  M  P  Ö
N  G  C  V  M  D  R  Ü  N  Ü  R  Ö  G  L  K
M  H  E  A  U  O  K  I  L  N  A  R  A  K  Y
L  Ü  T  T  F  F  M  H  M  E  L  N  E  Y  Ü
H  M  Y  O  U  N  G  I  E  K  A  Y  D  O  Z
Z  Ü  T  R  K  V  M  C  N  K  Ü  N  V  A  Ü
R  N  T  H  K  V  T  K  O  F  I  R  B  S  Z
G  Ö  K  S  E  L  G  E  I  Q  D  H  E  T  D
R  D  U  O  R  R  F  Ü  L  A  Y  D  O  R  T
A  N  G  Ö  K  A  D  A  N  E  U  T  Y  O  U
C  Ü  K  O  Z  M  İ  K  U  E  S  C  D  N  T
E  G  N  Ü  R  Ö  Y  Q  T  E  Ş  K  B  O  M
A  T  M  O  S  F  E  R  T  L  F  S  O  M  H
A  S  T  R  O  N  O  M  İ  I  Z  B  N  P  U
```

ASTRONOM	UFUK
ASTRONOMİ	ENLEM
ATMOSFER	AY
GÖKSEL	YÖRÜNGE
KOZMİK	GÖKYÜZÜ
KARANLIK	GÜNEŞ
EON	GÜNDÖNÜMÜ
EKVATOR	TELESKOP
GÖKADA	GÖRÜNÜR
YARIMKÜRE	ZODYAK

21 - Mammals

```
L K E D İ B T K U S C T A O C
A Y I J S O İ Ö O R L M S E H
U V H L S Ğ L P U H U J L J N
T J B L O A K E G R H G A B Q
L A E D V C İ K B O Y I N P P
S M V Y U N U S A V M B Z A F
J N A Ş V P O R L K R Ç M V K
V K J G A G P H I D E A Q Q Z
A K L U B N E C N Y Z K J C K
L P D F M K D T A T E A R R F
M A Y M U N U Y O K B L E N I
E Y N Y G L A R O F R İ J I L
Q K C Q F Z I G T E A R R Q L
Z Ü R A F A O R N D Q O K G I
N Z O P S K U N D U Z G T G Z
```

AYI	GORİL
KUNDUZ	AT
BOĞA	KANGURU
KEDİ	ASLAN
ÇAKAL	MAYMUN
KÖPEK	TAVŞAN
YUNUS	KOYUN
FIL	BALINA
TİLKİ	KURT
ZÜRAFA	ZEBRA

22 - Bees

```
T A P P I F Ş D Ç K S L R E U
K O M E Y V E U İ A V H T T M
B C Z N S J N M Ç N M T B N U
H İ T L H U Ü A E A E E S A M
Ç O T Q A Z G N K T T O Ü V L
E M M K R Y E D Z L S T R O A
Ş G V C İ J I B K A İ R Ü K B
I I T J K L N C L R S U T M A
T D H T C H E A I D O Y I K Q
L A F L Z V L R E L K E Ç İ Ç
I Q O J E M O B Ç A E O U N R
L K Y A C I P Ö H H J G I O D
I L A D Y A F C A T O L D S C
K D H J H B B E B J Q N D L Z
K R A L I Ç E K M S A U R U U
```

FAYDALI	BÖCEK
ÇİÇEK	BİTKİLER
ÇEŞİTLİLİK	POLEN
EKOSİSTEM	TOZLAYICI
ÇİÇEKLER	KRALİÇE
GIDA	DUMAN
MEYVE	GÜNEŞ
BAHÇE	SÜRÜ
KOVAN	BALMUMU
BAL	KANATLAR

23 - Weather

```
M U S O N R E F S O M T A O S
S E T E A Z N M I L K I T F I
L V C R M M L C Ğ R B T J T C
J Y A N Z T G V A L T N B S A
G Ö K Y Ü Z Ü D Ş H T I T E K
S İ S J Y P U T U K R S N L L
K U R A K L I K K D O E Q A I
Y O M K Q P R C K O P E Q T K
K I R E Z Q C O Ö H İ K V U S
G A L Q Y O P Q G T K R O L J
U L S D T Y G B K U R U V O G
P F U I I V F U H L Y U D Q N
M M S P R R Y Z S U K O O V C
M D D V U G I U H B U G D K V
G Z U C E B A M Y I L N E P U
```

ATMOSFER	YILDIRIM
ESINTI	MUSON
IKLIM	KUTUP
BULUT	GÖKKUŞAĞI
KURAKLIK	GÖKYÜZÜ
KURU	FIRTINA
SEL	SICAKLIK
SİS	KASIRGA
BUZ	TROPİK

24 - Adventure

```
Z H D Y O K E G Q F K Ş F K O
O A Z O E G A E S Q J I A N U
R Z Z B Ğ N J Z S Q Z C L N A
L I H O F A I I Z R F I N M S
U R O I L E K I L H E T Q G O
K L S Z C N L J Z P M R P Ü L
L I E M B S I V L Z N I Z Z A
A K H I L O E H J K İ Ş O E Ğ
R A L Ş A D A K R A Y A R R A
N A G Ü Z E L L I K E Ş L G N
S E V İ N Ç R M M A T L U A D
H E V E S H E D E F C U K H I
Q I I G R K F I R S A T A L Ş
U I P F V Y E E U J Q H O E I
S V V F S K S C E S A R E T J
```

GÜZELLIK	GÜZERGAH
CESARET	SEVİNÇ
ZORLUKLAR	DOĞA
ŞANS	SEFER
TEHLIKELI	YENI
HEDEF	FIRSAT
ZORLUK	HAZIRLIK
HEVES	EMNİYET
GEZI	ŞAŞIRTICI
ARKADAŞLAR	OLAĞAN DIŞI

25 - Geology

```
M  R  A  O  Q  R  E  L  L  A  R  E  N  İ  M
A  A  U  Y  J  B  S  A  İ  V  S  A  O  K  U
Ğ  L  N  J  V  C  Y  V  Y  S  A  L  Y  A  Y
A  D  E  P  R  E  M  E  P  O  O  Q  Z  V  İ
R  T  A  Ş  K  H  J  M  K  N  F  F  O  K  S
A  I  O  K  I  T  A  N  B  Q  L  L  R  U  L
Z  K  S  C  P  A  Y  D  P  V  I  S  E  V  A
K  R  J  B  A  S  İ  T  R  M  F  M  H  A  K
A  A  A  G  I  B  A  Y  Y  H  D  V  S  R  O
J  S  T  D  Ö  N  G  Ü  L  E  R  O  N  S  L
T  O  J  M  Q  B  G  P  Y  N  Z  L  G  V  B
Y  U  L  K  A  M  E  R  C  A  N  K  I  F  E
F  Q  Z  L  B  N  M  C  H  J  H  A  I  Q  G
D  U  J  L  G  N  M  P  S  L  U  N  B  A  U
K  R  İ  S  T  A  L  L  E  R  E  Z  Y  A  G
```

ASİT	GAYZER
KALSİYUM	LAV
MAĞARA	KATMAN
KITA	MİNERALLER
MERCAN	YAYLA
KRİSTALLER	KUVARS
DÖNGÜLER	TUZ
DEPREM	SARKIT
EROZYON	TAŞ
FOSİL	VOLKAN

26 - House

```
Ç  A  T  I  Q  K  K  B  C  V  D  V  B  K  V
Ç  Z  B  H  I  M  A  D  O  U  K  U  C  A  O
C  A  M  D  E  M  P  F  K  R  I  G  V  V  T
F  A  T  F  E  N  I  M  E  Z  U  J  Y  A  V
O  Q  T  I  M  O  B  I  L  Y  A  I  O  L  R
Q  S  K  O  K  A  F  T  U  M  O  M  A  S  P
L  M  J  L  G  A  S  Q  K  C  J  E  A  Ü  E
C  C  H  F  K  B  T  A  T  L  G  A  C  P  R
V  Ç  I  T  M  G  I  B  H  Z  U  Y  Ü  D
A  N  A  H  T  A  R  L  A  R  G  Q  M  R  E
G  İ  T  Y  C  L  A  Y  N  A  G  A  H  G  L
C  M  K  Ü  T  Ü  P  H  A  N  E  I  R  E  E
Y  Ö  K  D  G  A  J  B  G  H  M  B  Q  A  R
I  Ş  B  U  C  V  N  N  F  B  Y  I  V  R  J
N  Q  Q  Ş  B  A  H  Ç  E  R  E  C  N  E  P
```

ÇATI KATI	ANAHTARLAR
SÜPÜRGE	MUTFAK
PERDELER	LAMBA
KAPI	KÜTÜPHANE
ÇIT	AYNA
ŞÖMİNE	ÇATI
ZEMIN	ODA
MOBILYA	DUŞ
GARAJ	DUVAR
BAHÇE	PENCERE

27 - Physics

```
O  N  V  Q  E  Q  M  Z  R  N  R  A  U  Z  J
R  K  B  F  D  N  B  M  P  E  U  U  T  S  B
E  L  T  I  K  I  L  K  I  S  K  E  E  O  U
E  L  A  S  A  Y  M  I  K  H  I  Z  M  A  M
L  Ü  E  M  E  K  A  N  İ  K  B  P  E  K  F
K  K  Y  K  Q  J  H  C  Q  S  M  B  L  O  O
Ü  İ  O  M  T  O  I  G  U  S  O  J  Ş  F  R
N  T  Ğ  U  O  R  A  M  N  A  L  Z  I  H  M
A  R  U  T  Q  T  O  T  T  R  E  A  N  O  Ü
M  A  N  S  M  L  O  N  Y  I  K  G  E  G  L
K  P  L  E  S  N  E  R  V  E  Ü  V  G  Z  E
R  H  U  T  E  T  M  M  G  F  L  J  S  I  Z
H  Z  K  Z  K  K  H  N  V  I  P  L  N  H  G
M  A  N  Y  E  T  İ  Z  M  A  P  A  H  B  H
G  Ö  R  E  L  I  L  I  K  Z  E  B  K  I  Z
```

HIZLANMA	GAZ
ATOM	MANYETİZMA
KAOS	KITLE
KIMYASAL	MEKANİK
YOĞUNLUK	MOLEKÜL
ELEKTRON	NÜKLEER
MOTOR	PARTİKÜL
GENİŞLEME	GÖRELILIK
FORMÜL	EVRENSEL
SIKLIK	HIZ

28 - Dance

```
A  A  V  Ş  C  R  K  K  N  Y  U  V  A  L  J
K  J  V  U  J  Q  B  A  Ü  N  Y  R  M  Ü  N
P  F  A  R  E  R  N  Z  İ  L  Y  I  Y  T  E
S  V  N  U  D  F  D  T  H  V  T  P  J  U  I
A  K  A  D  E  M  İ  G  Y  A  H  Ü  T  F  A
R  İ  L  M  A  L  N  A  V  O  R  P  R  N  P
O  C  E  H  L  I  A  M  J  İ  L  E  Ş  E  N
M  Y  S  R  O  L  O  K  A  T  R  O  K  Q  L
S  B  K  F  V  L  I  Ü  F  P  T  V  S  E  E
T  A  E  Z  O  Y  F  L  K  L  A  S  İ  K  T
M  Z  N  Y  U  R  O  T  V  Ü  C  U  T  U  F
L  B  E  A  B  Z  F  Ü  G  P  M  Ü  Z  I  K
T  P  L  S  T  E  Y  R  R  İ  T  İ  M  G  J
F  L  E  S  K  O  R  E  O  G  R  A  F  İ  U
I  U  G  Y  U  D  G  Ö  R  S  E  L  V  R  G
```

AKADEMİ	NEŞELI
SANAT	HAREKET
VÜCUT	MÜZIK
KOREOGRAFİ	ORTAK
KLASİK	DURUŞ
KÜLTÜREL	PROVA
KÜLTÜR	RİTİM
DUYGU	GELENEKSEL
ANLAMLI	GÖRSEL
LÜTUF	

29 - Shapes

```
Ç  A  H  K  T  I  Q  C  N  N  Q  P  Ü  K  D
O  G  Q  F  E  Ü  Ç  G  E  N  E  R  S  S  A
K  F  O  S  Ş  N  H  H  S  L  U  İ  J  N  I
G  E  E  İ  Ö  J  A  M  P  T  B  Z  N  F  R
E  K  M  L  K  R  M  R  İ  D  F  M  L  T  E
N  R  J  İ  A  R  K  D  L  S  K  A  H  C  R
A  H  Z  N  P  K  M  A  E  A  C  V  R  I  Ü
Y  İ  F  D  K  P  J  R  Ğ  A  R  D  S  I  K
G  P  B  İ  T  J  B  F  R  T  F  A  V  O  S
S  E  B  R  E  I  R  N  I  N  T  Q  A  Y  N
A  R  G  O  I  V  P  K  Z  T  T  Z  I  O  F
Q  B  E  F  E  A  V  O  P  M  Z  V  F  A  I
L  O  R  G  D  J  J  N  B  Y  I  T  T  A  G
M  L  A  V  O  J  T  İ  M  A  R  İ  P  B  V
D  I  K  D  Ö  R  T  G  E  N  K  B  D  Q  B
```

ARK	SIRA
DAIRE	OVAL
KONİ	ÇOKGEN
KÖŞE	PRİZMA
KÜP	PİRAMİT
EĞRI	DIKDÖRTGEN
SİLİNDİR	YAN
KENARLAR	KÜRE
ELİPS	KARE
HİPERBOL	ÜÇGEN

30 - Scientific Disciplines

```
A  K  İ  N  A  K  E  M  B  H  O  R  U  E  V
A  Y  M  İ  K  O  Y  İ  B  O  A  N  Z  F  J
D  L  M  H  S  Q  S  C  J  G  T  E  Q  Z  M
İ  R  Ü  İ  B  Z  P  Q  F  O  P  A  S  S  R
L  N  N  L  K  A  J  B  Q  K  L  Z  N  S  H
B  L  O  D  B  N  U  H  D  Y  P  O  P  İ  V
İ  Q  L  G  Y  A  S  L  M  F  Z  G  E  E  K
L  E  O  V  L  T  P  S  İ  K  O  L  O  J  İ
İ  İ  J  O  L  O  Y  İ  B  L  D  A  P  R  N
M  R  İ  U  A  M  S  O  S  Y  O  L  O  J  İ
F  M  R  U  Z  İ  E  K  O  L  O  J  İ  G  T
T  E  R  M  O  D  İ  N  A  M  İ  K  H  U  D
F  İ  Z  Y  O  L  O  J  İ  Q  M  S  L  V  V
N  Ö  R  O  L  O  J  İ  Z  O  O  L  O  J  İ
M  İ  N  E  R  A  L  O  J  İ  L  S  E  M  Q
```

ANATOMİ	MEKANİK
BİYOKİMYA	MİNERALOJİ
BİYOLOJİ	NÖROLOJİ
BOTANİK	FİZYOLOJİ
KIMYA	PSİKOLOJİ
EKOLOJİ	SOSYOLOJİ
JEOLOJİ	TERMODİNAMİK
İMMÜNOLOJİ	ZOOLOJİ
DİLBİLİM	

31 - Science

```
M  İ  N  E  R  A  L  L  E  R  E  E  T  D  O
E  U  M  H  I  D  L  D  I  Z  V  J  H  G  R
Q  Z  O  L  B  Y  R  O  B  D  R  O  U  E  G
N  M  L  Z  K  C  I  Ğ  O  O  I  Z  J  R  A
H  Y  E  N  E  D  J  A  U  I  M  F  V  Ç  N
B  Y  K  L  İ  S  O  F  I  K  L  I  M  E  İ
F  L  Ü  T  M  U  H  D  I  T  J  B  C  K  Z
A  S  L  O  İ  E  B  I  R  A  T  O  M  K  M
R  E  L  İ  K  T  İ  B  P  Q  F  O  Z  G  A
Z  Q  Q  M  E  L  Z  Ö  G  O  Q  Q  K  E  G
C  E  Z  M  Ç  H  V  I  C  H  T  V  E  R  I
L  A  B  O  R  A  T  U  V  A  R  E  P  Q  F
K  Z  I  L  E  Y  Ö  N  T  E  M  Y  Z  B  S
L  A  S  A  Y  M  I  K  İ  Z  İ  F  P  D  F
P  A  R  Ç  A  C  I  K  L  A  R  Y  G  L  G
```

ATOM	LABORATUVAR
KIMYASAL	YÖNTEM
IKLIM	MİNERALLER
VERI	MOLEKÜL
EVRIM	DOĞA
DENEY	GÖZLEM
GERÇEK	ORGANİZMA
FOSİL	PARÇACIKLAR
YERÇEKİMİ	FİZİK
HIPOTEZ	BİTKİLER

32 - Beauty

```
Y  A  Ğ  L  A  R  L  K  K  V  A  P  K  F  S
R  U  J  Z  F  I  Ü  J  Z  R  F  G  O  O  T
N  S  T  J  K  İ  T  E  M  Z  O  K  K  T  İ
I  L  N  L  A  M  U  D  Ü  Z  A  B  U  O  L
B  H  J  F  B  L  F  E  K  T  R  B  B  J  İ
N  S  Q  M  O  C  S  A  G  Q  J  S  H  E  S
A  R  A  K  S  A  M  L  F  O  E  T  B  N  T
U  A  Z  T  N  H  V  Z  F  S  R  E  H  İ  C
P  A  Z  C  F  B  B  O  M  M  C  U  O  K  M
M  M  V  A  I  I  I  R  M  Y  A  C  Z  A  A
A  Y  N  A  R  Q  D  R  T  H  L  K  G  P  K
Ş  T  F  Q  A  A  Q  O  U  L  M  E  Y  Y  A
J  J  M  Q  Z  J  F  C  A  Z  I  B  E  A  S
Y  Z  S  O  Q  Z  V  E  H  I  L  C  I  D  J
E  C  M  O  R  E  N  K  T  K  K  U  R  V  Q
```

CAZIBE   MASKARA
RENK   AYNA
KOZMETİK   YAĞLAR
ZARAFET   FOTOJENİK
ZARIF   MAKAS
KOKU   ŞAMPUAN
LÜTUF   CILT
RUJ   DÜZ
MAKYAJ   STİLİST

33 - To Fill

```
K  Ü  V  E  T  Q  J  O  F  P  P  Ç  T  T  Y
T  Ş  I  Ş  E  B  G  S  O  H  R  E  E  K  O
Ü  C  O  D  Y  R  R  Ö  S  A  L  K  P  U  N
P  L  M  K  U  Y  D  O  H  V  S  M  S  F  N
C  E  P  S  A  N  D  I  K  Z  F  E  I  Y  B
C  I  A  C  J  V  M  U  N  A  N  C  M  B  U
G  K  Q  Q  O  J  D  L  N  V  T  E  P  E  S
C  B  Q  I  P  A  K  E  T  O  K  N  U  Z  B
B  M  I  C  T  A  K  D  K  K  A  D  A  I  N
B  M  C  C  I  N  C  F  A  H  R  O  S  Ç  F
C  B  G  F  K  S  F  N  V  C  T  S  L  I  S
V  Z  A  M  O  F  B  Z  A  A  O  L  N  F  M
R  P  U  V  O  V  V  E  N  C  N  J  E  R  E
H  N  H  J  U  T  U  K  O  Z  A  V  A  A  O
M  T  C  K  T  L  G  O  Z  G  R  F  Q  Z  P
```

ÇANTA	ZARF
FIÇI	KLASÖR
HAVZA	KAVANOZ
SEPET	PAKET
ŞİŞE	CEP
KUTU	BAVUL
KOVA	TEPSI
KARTON	KÜVET
SANDIK	TÜP
ÇEKMECE	VAZO

34 - Clothes

```
C R A M R Q J K K Ü L N Ö A C
E O T O K P N O T E B H K Y R
K I Z E L I B L Q A M H R A R
E S V B L N R Y S D K E D K H
T S Y P R A Ş E T O E İ R K A
E J Q R B N D O P M L P H A K
S S K E T E L N R V M V S B O
T B B L U Z P T A Y Ö L C I J
O Z G N M B L B K S G M P I H
E D Q E Y L V K P O P F M Q A
L E S V R H E A A M A J İ P D
B H T I O D C Z Ş L A R R D L
I Z C D M T P A N T O L O N B
S R Z L U F K K V L A O B Q I
E O D E Z Z Y A L E J M H L P
```

ÖNLÜK	TAKI
KEMER	KOLYE
BLUZ	PİJAMA
BILEZIK	PANTOLON
ELBISE	SANDALET
MODA	EŞARP
ELDIVENLER	GÖMLEK
ŞAPKA	AYAKKABI
CEKET	ETEK
KOT	KAZAK

35 - Ethics

```
P  Ö  Y  V  T  H  B  I  L  G  E  L  I  K  F
A  Z  E  T  I  L  A  N  O  Y  S  A  R  K  I
Z  G  B  H  Z  E  O  Y  N  E  Z  A  K  E  T
T  E  M  A  H  R  E  M  S  N  J  S  M  Z  K
C  C  K  L  A  Y  D  Y  H  I  V  L  Q  P  F
D  I  L  I  G  Y  A  S  P  D  Y  E  K  H  I
İ  L  T  O  L  E  R  A  N  S  P  E  D  A  Y
N  I  B  İ  R  E  Y  C  İ  L  İ  K  T  Y  I
S  K  İ  L  İ  Ç  K  E  Ç  R  E  G  S  I  M
A  K  U  V  U  N  Y  M  M  R  J  A  A  R  S
N  B  Ü  T  Ü  N  L  Ü  K  A  C  U  B  S  E
L  İ  Ş  B  İ  R  L  İ  Ğ  İ  K  V  I  E  R
I  D  Ü  R  Ü  S  T  L  Ü  K  B  U  R  V  L
K  İ  T  A  M  O  L  P  İ  D  U  M  L  E  I
F  E  L  S  E  F  E  Z  T  C  Y  H  Y  R  K
```

ÖZGECILIK	NEZAKET
HAYIRSEVER	IYIMSERLIK
MERHAMET	SABIR
İŞBİRLİĞİ	FELSEFE
HAYSIYET	RASYONALITE
DIPLOMATİK	GERÇEKÇİLİK
DÜRÜSTLÜK	MAKUL
İNSANLIK	SAYGILI
BİREYCİLİK	TOLERANS
BÜTÜNLÜK	BILGELIK

36 - Insects

```
K  S  K  U  Ç  F  U  S  U  Y  N  Q  C  V  H
A  S  İ  E  F  L  Ç  E  K  İ  R  G  E  A  E
R  I  Q  V  Ç  Q  S  K  E  D  G  S  B  O  D
I  V  T  C  R  I  N  A  C  U  L  O  S  Y  İ
N  R  D  E  Z  İ  B  D  Ö  V  Q  B  R  E  D
C  I  N  H  R  K  S  O  B  K  I  M  I  A  K
A  S  J  A  Q  M  N  İ  Y  J  L  A  R  V  A
A  I  V  S  E  L  İ  U  N  N  P  T  H  O  R
D  N  G  Ü  V  E  Z  T  O  E  U  Y  I  L  P
I  E  M  A  N  T  I  S  V  E  K  Z  N  Y  A
I  K  E  B  E  L  E  K  P  İ  R  E  U  L  Y
U  Ğ  U  R  B  Ö  C  E  Ğ  I  G  J  H  Z  G
A  Ğ  U  S  T  O  S  B  Ö  C  E  Ğ  İ  G  N
D  U  S  R  L  H  A  R  I  V  J  D  G  T  T
Y  A  B  A  N  A  R  I  S  I  U  K  D  E  Q
```

KARINCA
YAPRAKDİD
ARI
BÖCEK
KELEBEK
AĞUSTOSBÖCEĞİ
YUSUFÇUK
PİRE
SİVRİSİNEK
ÇEKİRGE

UĞUR BÖCEĞI
LARVA
KEÇIBOYNUZU
MANTIS
SIVRISINEK
GÜVE
TERMİT
YABAN ARISI
SOLUCAN

37 - Astronomy

```
G  J  H  F  G  G  M  R  B  Y  V  A  U  O  P
T  E  Ü  N  I  Ü  A  A  U  G  J  S  S  L  E
E  A  Z  S  J  N  Y  D  L  S  T  T  P  R  A
L  S  Ü  E  Q  E  Z  Y  U  K  A  R  P  O  T
E  T  Y  Z  G  Ş  H  A  T  O  D  O  U  E  G
S  R  K  I  E  E  S  S  S  N  A  N  P  T  G
K  O  Ö  D  O  Y  N  Y  U  İ  K  O  A  E  R
O  N  G  L  J  A  B  O  U  K  Ö  T  D  M  A
P  O  I  I  T  N  G  N  T  E  G  P  I  O  S
A  M  U  Y  D  U  V  H  M  R  O  K  E  T  A
Z  T  H  M  S  J  H  T  U  T  U  L  M  A  T
J  V  D  I  N  Q  S  S  S  F  P  Z  A  S  H
J  L  Z  K  Z  O  D  Y  A  K  Y  A  Z  T  A
G  I  V  A  V  O  N  R  E  P  Ü  S  K  Z  N
K  I  K  T  A  B  B  O  Q  Y  I  B  Q  E  E
```

ASTRONOT	RASATHANE
ASTRONOM	GEZEGEN
TAKIMYILDIZ	RADYASYON
TOPRAK	ROKET
TUTULMA	UYDU
EKİNOKS	GÖKYÜZÜ
GÖKADA	GÜNEŞ
METEOR	SÜPERNOVA
AY	TELESKOP
BULUTSU	ZODYAK

38 - Health and Wellness #2

```
J  G  A  D  I  I  S  V  G  E  N  E  T  İ  K
H  M  S  B  I  Ş  E  A  İ  V  J  M  G  D  I
T  C  N  B  D  T  R  R  Ğ  T  R  R  K  M  L
E  N  A  T  S  A  H  A  G  L  A  V  D  E  R
Y  K  K  A  N  H  U  B  P  C  I  M  P  P  I
G  U  L  İ  M  O  T  A  N  A  Y  K  İ  D  Ğ
E  H  I  J  Y  E  N  R  R  I  H  U  L  N  A
M  F  B  R  H  B  J  M  D  K  B  L  K  I  İ
N  L  I  E  V  A  A  B  D  M  N  Z  A  R  T
E  Q  Z  L  Z  D  S  E  R  T  S  U  L  S  P
L  S  L  A  M  R  A  T  R  U  K  S  O  V  O
S  Z  G  T  G  Q  M  O  A  I  P  U  R  K  I
E  N  E  R  J  I  Q  Q  C  L  A  S  İ  V  K
B  D  I  Y  E  T  O  I  U  C  I  U  M  K  E
E  N  F  E  K  S  I  Y  O  N  D  K  B  D  K
```

ALERJİ	SAĞLIKLI
ANATOMİ	HASTANE
IŞTAH	HIJYEN
KAN	ENFEKSIYON
KALORİ	MASAJ
SUSUZLUK	BESLENME
DIYET	KURTARMA
HASTALIK	STRES
ENERJI	VİTAMİNİ
GENETİK	AĞIRLIK

39 - Disease

```
P  N  S  A  L  B  L  B  P  O  Q  S  N  B  A
Z  G  R  R  K  T  A  D  Q  K  E  A  T  U  L
P  L  A  K  İ  U  S  K  C  G  Q  Ğ  O  L  E
G  O  D  N  N  P  T  K  T  R  J  L  G  A  R
P  M  L  P  O  I  I  I  A  E  A  I  D  Ş  J
Q  B  K  J  R  A  L  L  S  L  R  K  F  I  İ
V  E  İ  T  K  Z  A  K  E  N  E  İ  I  C  L
Q  R  T  L  İ  B  K  I  N  E  L  P  Y  I  E
V  P  E  C  T  L  Y  Ş  D  J  K  A  A  E  R
Ü  Z  N  P  A  İ  A  I  R  O  İ  R  Z  G  L
C  I  E  D  P  Q  H  Ğ  O  T  M  E  P  F  N
U  Q  G  T  O  Q  U  A  M  A  E  T  K  E  S
T  O  F  S  R  T  Q  B  P  P  K  A  V  V  J
O  K  Q  T  Ö  O  H  J  Q  T  O  M  B  U  K
S  O  L  U  N  U  M  K  C  H  D  Q  G  E  N
```

AKUT	KALITSAL
ALERJİLER	BAĞIŞIKLIK
BAKTERİYEL	İLTİHAP
VÜCUT	LOMBER
KEMİKLER	NÖROPATİ
KRONİK	PATOJENLER
BULAŞICI	SOLUNUM
GENETİK	SENDROM
SAĞLIK	TERAPİ
KALP	ZAYIF

40 - Time

```
T  E  A  D  Ö  D  A  K  İ  K  A  K  C  S  S
A  T  H  N  N  Ü  D  Y  Ü  Z  Y  I  L  A  A
K  H  P  I  C  V  F  A  F  Y  M  L  D  A  B
V  N  U  K  E  Z  L  Y  T  J  S  L  U  T  A
I  Ö  F  S  S  D  Z  I  G  Y  C  I  T  O  H
M  Ğ  B  P  L  Z  Y  O  M  O  L  Y  Y  I  L
M  L  R  L  N  T  Q  S  O  L  Q  G  J  B  N
R  E  G  K  S  C  C  B  G  N  D  D  V  G  G
R  I  A  E  Ş  I  M  D  I  G  Y  E  O  G  P
Z  L  H  R  N  Z  J  R  G  E  M  I  N  S  G
E  T  A  K  V  G  B  C  J  L  G  Z  L  N  T
I  H  F  E  G  S  B  M  B  E  C  Ü  N  F  M
A  Y  T  N  J  J  L  M  N  C  C  R  N  Z  Y
N  E  A  I  Q  F  H  D  K  E  M  E  M  F  N
Y  A  K  I  N  D  A  V  M  K  B  U  G  Ü  N
```

YILLIK	AY
ÖNCE	SABAH
TAKVIM	GECE
YÜZYIL	ÖĞLE
GÜN	ŞIMDI
ON YIL	YAKINDA
ERKEN	BUGÜN
GELECEK	HAFTA
SAAT	YIL
DAKİKA	DÜN

41 - Buildings

```
L  K  T  E  J  F  N  K  Y  T  K  R  S  V  K
A  Z  I  Q  E  N  A  H  T  A  S  A  R  T  B
B  T  T  E  N  Y  M  B  P  J  A  L  B  H  B
O  J  E  K  A  K  T  E  R  Q  O  T  S  İ  M
R  V  E  J  T  Y  R  O  O  I  E  Z  Ü  M  N
A  V  V  S  S  M  A  B  O  T  K  O  P  U  O
T  O  G  S  A  H  P  G  F  V  T  A  E  Y  Y
U  U  M  L  H  S  A  M  E  N  İ  S  R  D  İ
V  O  K  U  L  J  H  S  P  Q  T  E  M  A  S
A  R  İ  K  L  C  I  Q  S  E  F  D  A  T  N
R  T  L  U  U  V  Ç  A  D  I  R  R  S  A
C  A  İ  U  P  L  O  T  E  L  V  J  K  Z  P
D  Y  Ç  R  V  F  E  M  L  C  Y  T  E  K  L
U  İ  L  F  P  U  C  Z  A  S  T  R  T  V  S
O  T  E  P  H  B  E  M  K  O  S  R  N  K  B
```

APARTMAN	LABORATUVAR
AHIR	MÜZE
KABİN	RASATHANE
KALE	OKUL
SİNEMA	STADYUM
ELÇİLİK	SÜPERMARKET
FABRIKA	ÇADIR
HASTANE	TİYATRO
PANSİYON	KULE
OTEL	

42 - Gardening

```
K  O  M  P  O  S  T  E  P  S  Y  Y  K  P  K
İ  K  L  İ  M  F  A  G  J  S  E  G  O  B  G
V  Z  C  Y  A  E  U  Z  R  O  N  L  N  E  F
Y  A  P  R  A  K  N  O  S  B  İ  E  T  K  Q
T  V  C  C  R  İ  L  T  F  D  L  T  E  İ  T
E  M  Q  İ  J  F  P  İ  C  P  E  O  Y  R  O
B  A  H  Ç  E  K  K  K  M  Z  B  H  N  M  P
E  B  Y  E  Ş  İ  L  L  İ  K  I  U  E  E  R
G  C  V  L  Z  N  H  P  Z  Q  L  M  R  P  A
H  C  T  H  M  A  Y  D  D  Q  I  L  R  K  K
B  S  B  U  K  T  L  Ç  J  T  R  N  Z  J  M
İ  M  U  T  R  O  H  D  İ  Z  T  E  K  U  B
Y  Y  U  S  L  B  J  V  O  Ç  U  M  K  L  U
B  Z  J  K  İ  L  M  İ  S  V  E  M  S  H  E
T  C  Z  M  C  J  V  U  C  G  G  K  R  F  B
```

BOTANİK	YEŞİLLİK
BUKET	HORTUM
IKLIM	YAPRAK
KOMPOST	NEM
KONTEYNER	BAHÇE
KIR	MEVSİMLİK
YENILEBILIR	TOHUM
EGZOTIK	TOPRAK
ÇİÇEK	SU

43 - Herbalism

```
T  G  B  L  L  H  V  B  V  Q  M  F  S  K  I
A  G  D  I  C  V  P  C  R  S  M  J  A  N  Ç
R  N  B  E  T  I  L  A  K  E  B  R  F  D  E
H  Y  Q  P  E  K  K  İ  T  A  M  O  R  A  R
U  S  Z  B  Z  P  I  L  T  R  F  Y  A  D  I
N  H  S  Q  Z  Z  N  L  R  Q  C  T  N  M  K
U  M  J  C  E  K  L  K  G  B  B  E  U  I  N
S  O  P  D  L  Ç  I  Ç  E  K  U  A  Q  M  A
F  A  L  M  E  R  C  A  N  K  Ö  Ş  K  O  N
A  T  R  V  S  T  Z  L  I  L  I  V  U  L  E
Y  N  E  I  F  E  S  L  E  Ğ  E  N  N  I  N
D  A  C  T  M  M  A  Y  D  A  N  O  Z  Ş  E
A  V  P  K  N  S  K  L  F  B  A  H  Ç  E  Z
L  A  N  M  Z  H  A  B  İ  B  E  R  İ  Y  E
I  L  Y  V  H  U  Y  K  C  N  R  L  V  K  R
```

AROMATİK	IÇERIK
FESLEĞEN	LAVANTA
FAYDALI	MERCANKÖŞK
MUTFAK	NANE
REZENE	MAYDANOZ
LEZZET	BITKI
ÇIÇEK	KALITE
BAHÇE	BİBERİYE
SARIMSAK	SAFRAN
YEŞIL	TARHUN

44 - Vehicles

```
R S S E R I M E T R O O S Y A
A Y O H B D H E E E O I Ü Q R
I G R A E A L C K T Q T B N A
T M G G N F F F O P O L O O B
K E R V A N P T R O F A T M A
L A S T İ K L E R K D Z O B C
P F Y O M J A T L İ T İ L I K
K O P B Y M S S Z L N N R S E
B A K T N M G C U E T E D I H
L K M G P G M E D H A D Y K O
T N F Y A M B U L A N S C L V
D D I Y O T A K S İ C E F E A
U O Q U E N S R Ö T K A R T N
F E R İ B O T T Y E R R B T H
U Ç A K I I R K S V U G S Z J
```

UÇAK	SAL
AMBULANS	ROKET
BISIKLET	DENİZALTI
BOT	METRO
OTOBÜS	TAKSİ
ARABA	LASTİKLER
KERVAN	TRAKTÖR
FERİBOT	TREN
HELİKOPTER	KAMYON
MOTOR	VAN

45 - Flowers

```
J  M  C  L  K  F  B  P  E  D  E  Y  A  C  Ç
O  S  L  T  V  H  U  T  O  F  İ  U  B  K  A
N  E  R  G  İ  S  K  A  R  P  A  Y  İ  Z  R
G  İ  S  İ  E  J  E  G  T  S  Y  E  D  A  K
A  Ğ  M  C  E  S  T  F  S  N  T  T  N  M  I
R  E  P  E  D  İ  K  R  O  S  A  P  İ  B  F
D  Ç  L  M  S  Ş  E  T  A  R  P  V  H  A  E
E  İ  U  Ü  M  A  C  N  O  Y  A  J  A  K  L
N  Ç  M  G  J  H  Y  Q  T  P  P  N  R  L  E
Y  Y  E  E  U  Ş  M  A  N  O  L  Y  A  E  K
A  A  R  B  E  A  Ş  A  K  A  Y  I  K  Q  A
K  H  I  E  L  H  V  Y  D  U  V  G  G  S  L
Z  Y  A  Q  J  A  Q  Y  M  T  Z  Q  I  K  Y
M  B  U  C  T  M  L  G  L  M  V  Q  E  Y  E
K  E  F  F  B  K  M  E  V  K  R  I  J  A  L
```

BUKET	ZAMBAK
YONCA	MANOLYA
NERGİS	ORKİDE
PAPATYA	ÇARKIFELEK
KARAHİNDİBA	ŞAKAYIK
GARDENYA	YAPRAK
EBEGÜMECİ	PLUMERIA
YASEMİN	HAŞHAŞ
LAVANTA	AYÇİÇEĞİ
LEYLAK	LALE

46 - Health and Wellness #1

```
E  Q  O  T  O  G  Ç  A  L  İ  V  F  P  S  Q
F  C  C  I  L  T  N  L  E  M  P  U  N  A  K
O  J  Z  V  J  Y  Z  I  S  Ü  R  İ  V  Z  L
M  İ  P  A  R  E  T  Ş  R  K  I  R  I  K  İ
G  J  D  D  N  F  O  K  A  I  E  M  T  J  N
I  S  L  E  O  E  Z  A  H  L  F  L  Y  S  İ
S  F  P  T  M  G  Z  N  A  K  P  I  F  C  K
G  İ  A  O  R  Z  C  L  T  E  S  H  S  E  O
C  M  N  N  O  A  E  I  L  S  P  L  H  N  R
C  U  D  İ  H  I  G  K  A  K  A  Ç  L  I  K
C  Z  I  U  R  P  V  O  M  Ü  N  A  I  K  I
T  A  D  E  F  L  N  H  A  Y  E  M  U  T  H
I  R  Y  E  D  F  E  K  E  M  İ  K  L  E  R
B  A  K  T  E  R  İ  R  E  K  B  T  E  A  M
K  A  S  L  A  R  C  D  O  K  T  O  R  M  T
```

ETKIN	İLAÇ
BAKTERİ	KASLAR
KEMİKLER	SİNİRLER
KLİNİK	ECZANE
DOKTOR	REFLEKS
KIRIK	RAHATLAMA
ALIŞKANLIK	CILT
YÜKSEKLIK	TERAPİ
HORMON	TEDAVI
AÇLIK	VİRÜS

47 - Town

```
H  A  V  A  L  İ  M  A  N  I  O  R  H  V  U
F  I  R  I  N  S  İ  N  E  M  A  K  G  G  L
K  Ü  N  I  V  E  R  S  I  T  E  D  U  A  F
L  N  G  K  İ  T  A  P  Ç  I  G  S  F  L  Q
İ  O  H  Y  C  B  B  S  U  L  A  K  V  A  E
N  U  D  L  S  Ü  P  E  R  M  A  R  K  E  T
İ  E  C  Z  A  N  E  Z  T  Ç  K  N  G  G  L
K  M  N  V  U  K  R  Ü  İ  İ  Ü  Z  Q  M  S
K  U  A  Z  K  Q  H  M  Y  Ç  T  A  O  I  R
Q  Y  R  Ğ  G  R  Z  S  A  E  Ü  O  T  E  L
N  D  O  E  A  A  G  F  T  K  P  S  D  F  T
J  A  T  N  N  Z  L  L  R  Ç  H  G  L  D  K
M  T  S  R  H  A  A  E  O  İ  A  B  V  S  N
V  S  E  A  V  P  Y  E  R  A  N  G  K  L  A
D  A  R  J  B  A  N  K  A  İ  E  F  P  A  Y
```

HAVALİMANI	PAZAR
FIRIN	MÜZE
BANKA	ECZANE
KİTAPÇI	RESTORAN
SİNEMA	OKUL
KLİNİK	STADYUM
ÇİÇEKÇİ	MAĞAZA
GALERİ	SÜPERMARKET
OTEL	TİYATRO
KÜTÜPHANE	ÜNIVERSITE

48 - Antarctica

```
D M B B U O G C G B L I Z D K
P H İ T U G Ö C O K D V P I I
Z I C N B Z Ç L I Z U D D C T
N K Q T E K R Z D S H U I A A
P H D P I R E F E S V I K M J
V M S U J R A L L U Z U B R J
K P Y H C K Y L E S M I L I B
A D A L A R K E L H Q F S T F
D E N Ç E V R E I E M Y A Ş K
E C O Ğ R A F Y A Q R U K A N
B U L U T L A R I Y A Z O R N
K O R U M A T L K I L A Y A K
T O P O Ğ R A F Y A Ş C M A Q
S I C A K L I K G O U D Q O Y
D Y A R I M A D A O K Y P P N
```

KOY	ADALAR
KUŞLAR	GÖÇ
BULUTLAR	MİNERALLER
KORUMA	YARIMADA
KITA	ARAŞTIRMACI
ÇEVRE	KAYALIK
SEFER	BILIMSEL
COĞRAFYA	SICAKLIK
BUZULLAR	TOPOĞRAFYA
BUZ	SU

49 - Ballet

```
B  H  H  S  D  R  F  Z  T  G  S  R  S  K  A
O  E  İ  E  T  O  O  B  A  C  L  İ  E  O  L
M  I  C  E  T  S  E  B  R  Y  J  T  Y  R  K
T  Ü  İ  E  F  T  O  G  Z  N  F  İ  I  E  I
E  E  Z  A  R  T  S  E  K  R  O  M  R  O  Ş
K  C  B  I  A  I  L  M  A  L  N  A  C  G  K
N  B  T  U  K  V  M  G  L  G  N  G  I  R  A
İ  P  E  J  T  Y  O  Ğ  U  N  L  U  K  A  S
K  R  I  U  V  B  L  R  F  İ  R  A  Z  F  L
Q  U  U  H  Z  P  O  U  P  R  J  I  H  İ  A
I  J  E  S  T  Q  S  A  U  E  V  C  K  D  R
S  A  N  A  T  S  A  L  D  L  G  H  E  O  Y
D  A  N  S  Ç  I  L  A  R  A  B  A  H  U  U
H  A  E  P  M  M  K  G  F  B  P  R  B  J  Z
E  F  J  P  D  C  S  Y  T  E  P  F  C  A  S
```

ALKIŞ	YOĞUNLUK
SANATSAL	KASLAR
SEYIRCI	MÜZIK
BALERİN	ORKESTRA
KOREOGRAFİ	PROVA
BESTECI	RİTİM
DANSÇILAR	BECERI
ANLAMLI	SOLO
JEST	TARZ
ZARİF	TEKNİK

50 - Fashion

```
S  F  P  E  L  K  L  S  Y  H  S  J  K  U  P
H  I  Z  A  V  E  T  Ü  M  T  A  M  F  Z  T
R  N  N  T  S  D  O  K  U  D  T  A  R  Z  A
I  L  E  F  F  I  R  A  Z  A  E  T  S  A  L
U  Y  M  G  S  I  L  A  H  A  P  S  D  Q  Y
D  V  K  S  N  T  M  O  B  O  M  M  E  N  F
K  I  T  A  R  P  A  H  R  A  B  Z  G  N  V
U  G  S  F  H  U  K  F  K  F  U  C  Y  N  S
M  Ü  Ç  L  Ö  V  I  K  G  Y  T  A  H  A  R
A  A  D  U  V  R  M  Q  E  N  İ  L  T  C  A
Ş  G  A  B  F  G  D  O  F  R  K  E  Y  S  O
I  O  N  R  E  D  O  M  A  R  Z  P  E  G  K
K  S  T  S  İ  L  A  M  İ  N  İ  M  G  N  R
A  S  E  U  D  E  H  G  S  I  D  Ü  Ğ  M  E
N  G  L  C  E  P  Q  N  J  U  Y  O  H  A  O
```

BUTİK	MİNİMALİST
DÜĞME	MODERN
RAHAT	MÜTEVAZI
ZARIF	ASIL
NAKIŞ	DESEN
PAHALI	PRATIK
KUMAŞ	TARZ
DANTEL	DOKU
ÖLÇÜM	AKIM

51 - Human Body

```
Ç  O  M  U  Z  K  A  D  U  D  E  R  Q  B  B
E  E  T  V  H  N  U  R  U  B  P  L  V  G  N
L  Y  N  U  Y  O  B  L  E  H  S  A  R  R  D
R  I  Ğ  E  L  I  B  K  A  Y  A  Ğ  F  H  O
E  C  I  E  Y  O  P  A  Z  K  S  I  P  P  L
L  I  L  O  D  Ü  A  M  A  E  Z  Z  J  K  E
K  A  N  D  B  H  Z  R  O  S  C  B  P  Y  K
İ  V  I  Q  S  U  I  A  S  R  C  I  L  T  F
M  J  Y  Q  N  Z  D  P  G  I  G  M  Z  R  F
E  A  E  U  E  S  R  L  B  D  B  H  D  T  M
K  G  B  B  G  H  I  A  K  M  V  L  M  C  Y
A  H  K  A  R  K  E  K  B  Y  P  U  Y  F  H
C  G  K  J  O  B  N  O  A  V  M  I  K  N  D
A  V  P  Z  A  U  G  B  Ş  M  S  L  Y  R  V
B  L  B  M  F  D  B  H  V  F  D  T  B  I  K
```

AYAK BILEĞI	BAŞ
KAN	KALP
KEMİKLER	DIZ
BEYIN	BACAK
ÇENE	DUDAK
KULAK	AĞIZ
DIRSEK	BOYUN
YÜZ	BURUN
PARMAK	OMUZ
EL	CILT

52 - Musical Instruments

```
S  A  G  P  N  K  G  L  O  V  N  J  F  Z  T
B  Z  L  T  Ü  L  F  U  R  U  F  S  Z  A  G
J  A  Q  K  Q  A  U  B  Y  R  Y  M  I  K  T
D  G  N  O  G  R  Z  V  S  M  D  U  R  U  H
O  P  O  Ç  O  N  R  Y  A  A  F  C  V  N  D
Q  P  F  R  O  E  G  T  Z  D  R  A  T  İ  G
N  N  A  T  N  T  J  R  M  L  S  B  G  L  E
Y  E  S  Y  A  E  C  O  H  I  A  M  V  O  E
H  N  K  U  Y  G  T  M  S  O  P  İ  B  D  T
H  E  A  R  İ  A  U  B  O  C  S  R  Q  N  M
V  P  S  T  P  B  R  O  L  M  B  A  N  A  J
S  B  S  K  R  S  O  N  L  I  E  M  T  M  T
R  C  B  J  A  M  H  K  E  K  E  M  A  N  E
T  R  O  M  P  E  T  F  Ç  Z  R  L  P  J  F
R  Q  M  K  I  L  D  I  G  I  P  D  S  B  A
```

BANÇO	MANDOLİN
FAGOT	MARİMBA
ÇELLO	OBUA
KLARNET	VURMA
DAVUL	PİYANO
BAGET	SAKSAFON
FLÜT	TEF
GONG	TROMBON
GİTAR	TROMPET
ARP	KEMAN

53 - Fruit

```
L P N G M G F I R P A C K N Q
B O D Q A P U H A G K C A L H
S Z U D N K A A M I F K Y J E
I F T O G U H P V Z B A I Y E
M P J N O M İ L A A O V S T C
A Y E O R U K M P Y D U I U H
E L M A Ü N N İ G H A N A R G
I R H S Z C E L V K K B N U Z
E J J P Ü G K M L İ O I A N Z
D E C B M Z T U M G V I N C M
T H J G R H A Z Q F A P A U V
B Z N T U M R A F G M V S T P
A H U D U D U R İ C N İ H V F
Ş E F T A L I I C U Z G U Q S
H V Z C B S S K I J C M Q N I
```

ELMA	LİMON
KAYISI	MANGO
AVOKADO	KAVUN
MUZ	NEKTAR
DUT	TURUNCU
KIRAZ	PAPAYA
İNCİR	ŞEFTALI
ÜZÜM	ARMUT
GUAVA	ANANAS
KİVİ	AHUDUDU

54 - Engineering

```
D  E  S  D  H  E  S  A  P  L  A  M  A  A  C
İ  K  Ü  E  E  R  M  B  T  A  A  U  Y  B  O
Y  S  R  R  N  Q  A  T  S  O  Ç  Y  F  Z  T
A  E  T  İ  E  Z  Z  A  Z  C  K  O  F  R  C
G  N  Ü  N  R  E  O  T  Q  K  I  Z  H  H  H
R  K  N  L  J  C  T  C  C  A  J  O  I  K  B
A  N  M  I  I  P  A  Y  S  S  V  F  H  F  M
M  R  E  K  S  I  V  I  K  U  V  V  E  T  O
U  R  A  P  U  H  C  Ç  U  P  D  M  N  B  T
B  S  P  L  O  K  I  A  G  B  C  K  İ  S  O
T  Q  J  T  T  L  I  M  J  N  F  Ö  K  Q  R
V  S  F  V  Y  U  L  K  Y  A  K  L  A  D  D
H  K  A  U  P  F  Y  L  F  S  Ç  M  R  H
D  A  Ğ  I  T  I  M  O  U  L  E  Ü  M  V  D
H  A  R  E  K  E  T  A  B  E  S  M  H  Z  U
```

AÇI	SÜRTÜNME
EKSEN	KOL
HESAPLAMA	SIVI
DERINLIK	MAKİNE
DİYAGRAM	ÖLÇÜM
ÇAP	HAREKET
MAZOT	MOTOR
BOYUTLAR	SEBAT
DAĞITIM	KUVVET
ENERJI	YAPI

55 - Kitchen

```
Ö  Y  O  L  T  B  E  G  Z  T  U  G  B  K  Y
I  N  T  U  A  D  K  T  N  L  C  I  S  A  T
V  Z  L  Y  S  Ü  R  A  H  I  U  D  D  V  P
L  Z  G  Ü  T  M  G  R  U  B  R  A  V  A  E
P  B  P  A  K  F  S  A  I  A  U  I  J  N  Ç
D  Z  A  U  R  K  C  H  J  L  D  Ç  F  O  E
O  P  O  B  N  A  Z  A  K  O  N  A  Y  Z  T
K  E  P  Ç  E  I  Z  B  A  D  O  T  Q  U  E
A  S  H  A  R  Z  L  D  Ç  Z  D  A  M  E  Z
D  K  I  P  F  C  Q  D  I  U  C  L  D  O  K
R  E  G  N  Ü  S  F  T  B  B  D  L  I  F  B
A  L  O  B  T  Y  P  G  J  K  Y  A  E  T  A
B  Y  F  L  E  U  Y  R  N  G  I  R  C  Z  Y
S  O  D  O  D  F  A  G  K  B  I  C  C  Y  R
G  K  A  Ş  I  K  E  M  E  Y  U  O  S  U  L
```

ÖNLÜK	BIÇAK
TAS	KEPÇE
BARDAK	PEÇETE
GIDA	FIRIN
ÇATALLAR	BUZDOLABI
DONDURUCU	BAHARAT
IZGARA	SÜNGER
KAVANOZ	KAŞIK
SÜRAHI	YEMEK
KAZAN	

56 - Government

```
M  U  H  A  L  E  F  E  T  S  G  R  R  Q  L
B  V  B  S  R  G  U  L  O  R  I  G  G  R  İ
A  A  J  P  İ  L  D  A  M  D  U  V  F  K  D
Ğ  T  N  B  S  Y  H  O  B  K  P  L  I  Ü  E
I  A  T  Q  A  N  A  M  Ş  U  N  O  K  L  R
M  N  M  J  R  N  Z  S  T  K  V  B  D  R  F
S  D  E  C  K  U  A  C  E  E  V  M  L  Ü  G
I  A  Ş  V  O  N  M  Y  L  T  Q  E  I  G  L
Z  Ş  I  J  M  A  Ş  D  A  C  I  S  K  Z  K
L  L  T  P  E  K  I  D  D  S  S  O  D  Ö  C
I  I  L  N  D  L  T  V  A  F  A  U  E  A  R
K  K  I  N  A  A  R  F  P  R  N  N  V  C  D
U  Q  K  U  N  I  A  O  J  I  Y  B  L  M  F
U  L  U  S  I  V  T  G  I  B  C  G  E  K  S
P  K  S  F  T  H  U  Z  U  R  L  U  T  Z  C
```

VATANDAŞLIK	KANUN
SIVIL	LİDER
ANAYASA	ÖZGÜRLÜK
DEMOKRASİ	ANIT
TARTIŞMA	ULUS
MUHALEFET	HUZURLU
EŞİTLIK	SİYASET
BAĞIMSIZLIK	KONUŞMA
ADLİ	DEVLET
ADALET	SEMBOL

57 - Art Supplies

```
K  S  R  G  U  R  N  O  D  S  A  P  Z  S  Q
A  K  İ  M  J  P  R  Z  J  U  K  S  Y  A  G
L  R  A  L  A  Ç  R  I  F  L  R  N  Q  N  D
E  A  R  A  G  F  H  R  C  U  İ  V  A  D  E
M  P  E  K  J  İ  O  Q  F  B  L  E  N  A  U
L  K  M  T  J  B  J  E  Q  O  İ  E  S  L  Z
E  D  A  U  L  F  P  Y  Z  Y  K  M  N  Y  S
R  O  K  T  S  B  H  P  H  A  V  Z  F  E  C
Y  A  R  A  T  I  C  I  L  I  K  P  Y  L  Y
Y  I  O  L  K  P  E  K  K  E  R  Ü  M  A  U
A  P  J  Z  Â  A  A  N  S  A  O  S  B  V  M
Ğ  S  O  M  Ğ  S  G  E  Q  T  N  D  L  Ö  D
Z  J  A  F  I  T  E  R  N  T  R  E  G  Ş  A
D  J  F  M  T  E  F  İ  K  İ  R  L  E  R  Y
I  K  G  S  N  L  Q  O  J  S  U  K  I  L  L
```

AKRİLİK	FİKİRLER
FIRÇALAR	MÜREKKEP
KAMERA	YAĞ
SANDALYE	KÂĞIT
KIL	PASTEL
RENK	KALEMLER
YARATICILIK	MASA
ŞÖVALE	SU
SİLGİ	SULUBOYA
TUTKAL	

58 - Science Fiction

```
Z  F  T  F  K  E  R  G  Ö  K  A  D  A  F  G
U  F  E  Ü  İ  F  A  N  T  A  S  T  I  K  E
A  M  K  T  T  H  L  M  K  O  A  T  R  T  Z
M  Y  N  Ü  A  H  N  N  E  E  V  A  I  V  E
Z  U  O  R  P  L  O  M  D  N  H  M  Ş  S  G
O  H  L  I  L  O  L  T  Ü  U  İ  A  A  P  E
A  C  O  S  A  Y  K  G  N  H  Z  S  N  Ş  N
A  R  J  T  R  G  N  P  Y  A  S  L  P  E  U
L  T  I  I  Y  J  P  L  A  Y  B  I  A  T  T
T  G  O  K  A  N  D  N  N  A  I  N  T  A  R
I  I  L  M  E  Z  I  G  F  L  E  A  L  J  V
J  D  L  O  İ  P  C  E  S  İ  G  Y  A  F  A
G  F  E  M  V  K  Ü  T  O  P  Y  A  M  P  T
E  V  B  E  R  O  B  O  T  L  A  R  A  O  F
K  İ  M  Y  A  S  A  L  L  A  R  D  S  G  Y
```

ATOMİK	GÖKADA
KİTAPLAR	YANILSAMA
KİMYASALLAR	HAYALİ
SİNEMA	GIZEMLI
KLONLAR	KEHANET
PATLAMA	GEZEGEN
AŞIRI	ROBOTLAR
FANTASTIK	TEKNOLOJI
ATEŞ	ÜTOPYA
FÜTÜRISTIK	DÜNYA

59 - Geometry

```
A  M  K  O  Ş  U  T  J  P  B  B  C  R  P  P
E  Ç  Y  M  I  C  A  R  D  R  L  I  O  B  E
C  Ğ  I  Q  V  G  H  E  S  A  P  L  A  M  A
U  J  R  B  E  F  Z  R  Z  S  A  V  R  A  Y
D  Y  E  I  J  Z  N  I  K  İ  Ç  V  A  E  Ü
F  E  L  T  I  K  Q  A  S  M  G  A  M  J  K
R  Z  N  A  R  O  S  D  O  E  A  U  U  G  S
Q  Ü  A  K  I  T  N  A  M  T  A  E  N  Y  E
R  Y  Y  O  L  K  N  H  K  R  D  S  H  O  K
Q  A  D  E  N  E  G  Ç  Ü  İ  R  O  E  T  L
B  T  E  B  K  B  M  L  S  R  C  O  P  B  I
G  A  M  C  D  M  B  C  V  Q  V  Q  A  Ö  K
O  Y  N  C  Q  B  O  Y  U  T  U  L  H  L  N
Q  E  R  J  M  C  T  J  V  N  I  O  R  Ü  O
V  C  Y  J  L  D  H  E  C  L  A  V  G  M  T
```

AÇI	KITLE
HESAPLAMA	MEDYAN
DAIRE	NUMARA
EĞRI	KOŞUT
ÇAP	ORAN
BOYUT	BÖLÜM
DENKLEM	YÜZEY
YÜKSEKLIK	SİMETRİ
YATAY	TEORI
MANTIK	ÜÇGEN

60 - Airplanes

```
D Q Z B O J F R O V H P D A M
Q L H G A R E C A M J E Y I Ü
T A R I H L R O T O M R U G R
Y O L C U A O E M L E V I E E
Q D Y Y U K Y N F J V A T A T
T A S A R I M E D S N N Y Q T
I P M H F L Q J L N O E G I E
K G U A T K F O S A D M C S B
A N S O Y E N R T L F R T R A
Y F U K Ö S S D I Ü Z R G A T
P U I C N K L İ U B M V Y K O
R H A V A Ü I H I R Ş I N I L
P I Ü Z Ü Y K Ö G Ü D I P M İ
I S U T T U B E N T Y Q P A P
N D Q K P V F T H C Y U M M Y
```

MACERA   MOTOR
HAVA   YAKIT
RAKIM   YÜKSEKLIK
ATMOSFER   TARIH
BALON   HİDROJEN
YAPI   YOLCU
MÜRETTEBAT   PİLOT
INIŞ   PERVANE
TASARIM   GÖKYÜZÜ
YÖN   TÜRBÜLANS

61 - Ocean

```
K  A  İ  Y  D  R  A  Y  U  N  U  S  R  B  B
A  H  S  O  L  E  T  H  Y  B  D  Z  E  V  T
P  Q  T  D  S  G  N  H  T  M  G  T  S  A  R
L  B  İ  Y  H  N  Y  İ  C  A  V  I  İ  N  C
U  M  R  E  B  Ü  I  K  Z  R  P  Y  F  S  L
M  O  İ  N  A  S  L  Ö  G  A  G  O  Q  P  K
B  Q  D  G  L  L  A  P  G  L  N  V  T  K  A
A  B  Y  E  I  O  N  E  M  A  T  A  Q  Q  R
Ğ  O  E  Ç  N  Q  B  K  E  G  U  N  S  K  İ
A  T  M  U  A  F  A  B  R  L  Z  I  F  I  D
G  E  L  G  İ  T  L  A  C  A  Y  T  N  L  E
K  A  J  A  F  Q  I  L  A  D  L  R  G  A  S
U  B  S  E  L  U  Ğ  I  N  L  K  I  I  B  R
Y  O  S  U  N  L  I  Ğ  P  R  E  F  Z  Y  G
C  C  E  S  H  J  R  I  A  J  N  I  J  G  V
```

YOSUN	RESİF
BOT	TUZ
MERCAN	KÖPEKBALIĞI
YENGEÇ	KARİDES
YUNUS	SÜNGER
YILAN BALIĞI	FIRTINA
BALIK	GELGİT
DENİZANASI	KAPLUMBAĞA
AHTAPOT	DALGALAR
İSTİRİDYE	BALINA

62 - Force and Gravity

```
Z  U  N  O  C  E  Y  B  M  Z  N  Y  V  D  D
D  H  P  D  S  E  Q  Ü  T  E  K  E  R  A  H
B  C  L  F  K  K  N  Y  Y  K  K  S  P  Y  J
İ  A  E  L  M  J  Y  Ü  L  R  L  A  L  L  T
R  M  S  K  G  J  Ö  K  P  E  G  N  N  T  V
E  Z  N  İ  L  P  R  L  D  M  B  S  A  İ  I
L  İ  E  L  N  P  Ü  Ü  A  N  Y  C  M  I  K
N  T  R  R  E  Ç  N  K  A  S  R  G  A  Q  İ
E  E  V  I  S  D  G  K  E  Ş  I  F  Z  H  M
G  Y  E  Ğ  K  O  E  M  N  Ü  T  R  Ü  S  A
E  N  P  A  E  B  K  M  C  F  A  P  P  K  N
Z  A  M  E  S  A  F  E  L  G  İ  O  Q  P  İ
E  M  E  L  Ş  I  N  E  G  F  T  Z  C  H  D
G  I  Q  E  E  D  V  H  I  Z  U  G  İ  L  C
Ö  Z  E  L  L  İ  K  L  E  R  D  K  Y  K  R
```

EKSEN	HAREKET
MERKEZ	YÖRÜNGE
KEŞIF	FİZİK
MESAFE	GEZEGENLER
DİNAMİK	BASINÇ
GENİŞLEME	ÖZELLİKLER
SÜRTÜNME	HIZ
MANYETİZMA	ZAMAN
BÜYÜKLÜK	EVRENSEL
MEKANİK	AĞIRLIK

63 - Birds

```
I  K  E  D  R  Ö  I  Y  Y  P  B  B  A  D  Q
K  L  A  G  R  A  K  S  U  V  A  T  T  E  O
L  K  I  N  Z  B  D  M  M  M  T  L  Q  V  T
O  L  I  Ç  A  J  F  L  U  E  S  C  I  E  Y
G  U  G  U  K  R  S  Z  R  G  A  N  C  K  Q
N  D  F  H  E  I  Y  I  T  Z  I  K  G  U  J
İ  T  V  O  L  C  L  A  A  Z  T  U  Ü  Ş  U
M  U  S  S  Y  N  K  A  V  A  R  Ğ  V  U  L
A  K  K  N  E  K  R  U  B  E  L  U  E  F  Y
L  A  U  A  L  O  V  B  K  L  E  Ç  R  E  S
F  N  V  Ğ  R  M  I  O  P  D  I  Q  C  Q  U
Z  R  A  A  D  T  U  G  J  A  R  Z  İ  G  N
S  D  T  P  N  N  A  K  İ  L  E  P  N  N  K
R  R  F  A  O  L  L  L  P  E  N  G  U  E  N
M  C  I  P  L  C  U  E  B  B  K  N  C  M  A
```

KANARYA	BALIKÇIL
TAVUK	DEVEKUŞU
KARGA	PAPAĞAN
GUGUK	TAVUS
GÜVERCİN	PELİKAN
ÖRDEK	PENGUEN
KARTAL	SERÇE
YUMURTA	LEYLEK
FLAMİNGO	KUĞU
KAZ	TUKAN

64 - Politics

```
A H Y M P S G G T H Q S Q E A
I L E L I O U Ö E F C R K Ş K
V Y E H R A L K R E F A Z I T
N E T İ M O K İ D Ü C H J T İ
T S R D S S F L T Q Ş E P L V
U N A G Y F U R H İ L I P I İ
F O I M İ Z T E M Ü K Ü H K S
Z K G L A S U L U P Y A D A T
Q İ D K Ü L R Ü G Z Ö I C K Z
Y T L B Q M N P G T V F O I O
S Ç I M D G O T C K M L T Q
J N E U E L K P P I K R Y I S
K A M P A N Y A S J M N S L I
M Z R N N E J H J H V E H O A
S T R A T E J İ I J G Y Z P F
```

AKTİVİST	HÜKÜMET
KAMPANYA	ULUSAL
ADAY	GÖRÜŞ
SEÇIM	POLITIKA
KOMİTE	POLİTİKACI
KONSEY	POPÜLERLİK
EŞITLIK	STRATEJİ
ETİK	VERGİ
ÖZGÜRLÜK	ZAFER

65 - Nutrition

```
V  T  H  A  T  Ş  I  D  I  Y  I  S  A  E  D
İ  O  D  C  U  F  Q  J  D  Z  R  İ  L  A  E
T  K  B  I  S  O  S  T  P  H  Q  N  I  J  N
A  S  E  G  Y  H  L  R  H  Z  R  D  Ş  P  G
M  İ  B  S  A  Ğ  L  I  K  L  I  İ  K  K  E
İ  N  R  D  U  T  E  Z  Z  E  L  R  A  A  L
N  G  P  O  M  P  C  I  M  D  I  İ  N  L  I
İ  S  B  P  L  S  M  G  R  O  B  M  L  I  D
J  P  G  Y  S  A  Ğ  L  I  K  E  Y  I  T  I
D  T  O  P  B  T  K  F  C  F  L  D  K  E  Y
R  S  I  V  I  L  A  R  R  Z  I  Q  L  B  E
P  R  O  T  E  İ  N  T  F  Y  N  Y  A  E  T
N  O  Y  S  A  T  N  A  M  R  E  F  R  S  O
A  Ğ  I  R  L  I  K  L  N  B  Y  I  O  İ  Q
D  I  Q  T  J  Q  U  M  S  R  E  B  Q  N  M
```

IŞTAH	SAĞLIK
DENGELI	SAĞLIKLI
ACI	SIVILAR
KALORİ	BESİN
DIYET	PROTEİN
SINDIRIM	KALITE
YENILEBILIR	SOS
FERMANTASYON	TOKSİN
LEZZET	VİTAMİNİ
ALIŞKANLIKLAR	AĞIRLIK

66 - Hiking

```
N  H  Y  N  R  T  T  F  O  Z  S  S  U  C  R
F  S  A  O  Z  T  C  D  F  E  F  K  B  Z  I
D  V  V  Y  T  O  P  L  A  N  T  I  A  L  A
E  A  A  S  V  E  B  P  Ğ  C  P  L  R  J  Ğ
İ  Ş  H  A  V  A  G  A  O  V  A  R  Q  Z  I
I  S  Q  T  L  K  N  D  D  S  R  I  B  D  R
V  J  B  N  N  V  U  L  Z  M  K  Z  P  A  B
H  G  Q  A  T  Y  G  N  A  U  L  A  Z  Ğ  E
T  E  V  Y  K  Q  R  G  E  R  A  H  H  S  F
S  A  M  R  M  G  O  T  N  U  R  I  I  O  G
A  K  Ş  O  I  T  Y  V  G  Ç  T  K  S  E  V
E  G  E  L  B  V  D  F  Y  U  J  L  L  R  U
Q  M  N  M  A  H  A  R  İ  T  A  I  O  F  O
K  U  Ü  I  N  R  S  L  R  R  C  M  B  K  A
V  G  G  B  A  T  E  H  L  İ  K  E  L  E  R
```

HAYVANLAR	PARKLAR
UÇURUM	HAZIRLIK
IKLIM	TAŞLAR
TEHLİKELER	TOPLANTI
AĞIR	GÜNEŞ
HARİTA	YORGUN
DAĞ	SU
DOĞA	HAVA
ORYANTASYON	VAHŞİ

67 - Professions #1

```
H  P  İ  Y  A  N  İ  S  T  M  N  Q  M  C  L
A  Y  I  Q  L  G  Q  R  İ  C  Z  İ  N  E  D
R  A  S  I  E  R  N  Z  E  V  C  F  B  D  K
I  D  V  M  Ü  Z  İ  S  Y  E  N  L  N  İ  U
T  O  T  U  A  S  T  R  O  N  O  M  H  T  Y
A  K  E  P  K  A  K  R  C  M  I  U  S  Ö  U
C  T  N  N  E  A  L  Y  D  M  Ç  O  K  R  M
I  O  G  G  I  Ç  T  A  S  I  S  E  T  P  C
J  R  E  N  İ  R  E  T  E  V  N  M  R  S  U
N  E  R  I  Ş  M  E  H  E  Q  A  N  A  İ  C
V  N  O  U  L  I  N  H  Y  R  D  S  V  K  B
N  İ  Ç  L  E  K  Ü  Y  Ü  B  Z  U  C  O  N
Z  B  O  T  O  J  F  Q  Q  O  H  I  I  L  Z
M  I  O  I  E  G  B  A  N  K  A  C  I  O  U
Y  E  Z  M  G  Q  K  C  K  J  U  T  F  G  G
```

BÜYÜKELÇİ	AVCI
ASTRONOM	KUYUMCU
AVUKAT	MÜZİSYEN
BANKACI	HEMŞIRE
HARITACI	PİYANİST
KOÇ	TESISATÇI
DANSÇI	PSIKOLOG
DOKTOR	DENİZCİ
EDİTÖR	TERZI
JEOLOG	VETERİNER

68 - Barbecues

```
K  D  Q  G  M  O  T  U  Z  A  A  O  A  S  U
Ç  F  C  K  E  I  Y  B  V  I  L  Z  R  E  U
G  A  B  F  Y  R  M  U  R  L  H  V  K  B  U
Y  D  T  R  V  A  K  N  N  E  P  E  A  Z  V
T  I  I  A  E  R  O  I  A  L  K  T  D  E  Q
R  G  F  L  L  E  M  P  Ğ  A  A  A  A  L  Y
S  B  H  A  N  L  O  P  O  R  C  R  Ş  E  Q
M  K  E  T  I  S  A  U  S  F  I  A  L  R  Z
B  I  Ç  A  K  E  M  R  T  H  S  G  A  O  O
S  L  D  L  I  T  G  L  N  A  B  Z  R  F  M
B  Ç  J  A  Z  A  Y  E  Q  V  V  I  Q  S  R
C  A  T  S  Ü  M  B  R  A  L  K  U  C  O  Ç
I  R  V  Z  M  O  M  G  S  O  S  J  K  A  Q
C  M  H  U  E  D  I  G  D  N  G  V  E  I  N
U  L  C  P  K  I  Y  N  K  T  V  A  M  M  U
```

TAVUK	AÇLIK
ÇOCUKLAR	BIÇAK
AILE	MÜZIK
GIDA	SOĞAN
ÇATALLAR	SALATALAR
ARKADAŞLAR	TUZ
MEYVE	SOS
OYUNLAR	YAZ
IZGARA	DOMATESLER
SICAK	SEBZELER

69 - Chocolate

```
A  T  G  J  Z  K  I  T  O  Z  G  E  Y  F  Ö
H  N  O  O  S  D  A  M  O  R  A  A  C  V  Z
Z  Ş  T  T  O  Z  I  L  T  E  Z  Z  E  L  L
Z  E  A  İ  A  C  I  F  O  P  D  Z  T  E  E
F  K  T  Q  O  L  H  M  S  R  E  A  I  M  M
K  E  M  E  Y  K  K  E  U  V  İ  N  L  A  S
A  R  D  V  H  N  S  T  C  Q  J  A  A  R  S
K  L  E  Z  Z  E  T  İ  E  Y  E  A  K  A  L
A  N  J  N  Z  A  S  Q  D  E  N  T  H  K  A
O  I  R  O  V  A  F  O  E  A  H  L  V  H  B
Q  L  Ç  A  A  Z  K  U  C  T  N  F  Y  E  I
U  P  M  E  C  R  H  M  V  Y  E  V  K  N  H
F  J  K  D  R  T  A  T  L  I  F  I  O  S  U
N  N  T  S  V  I  P  P  E  Z  P  T  Y  S  J
J  K  R  D  R  O  K  Y  Z  Q  N  S  G  F  K
```

ANTİOKSİDAN	FAVORI
AROMA	LEZZET
ZANAAT	IÇERIK
ACI	TOZ
KAKAO	KALITE
KALORİ	ŞEKER
KARAMEL	TATLI
ÖZLEM	TAT
LEZZETLI	YEMEK
EGZOTIK	

70 - Vegetables

```
K  J  R  Z  U  N  Z  B  K  D  I  S  Q  L  I
L  E  F  P  E  H  Q  K  A  O  S  A  V  M  O
I  E  R  Ç  Y  G  K  B  M  P  R  B  M  M
F  V  L  E  U  S  T  Y  A  A  A  I  H  A  F
E  R  F  Z  V  R  A  I  K  T  N  M  M  Y  E
C  Y  M  D  A  İ  F  L  N  E  A  S  A  D  B
N  R  A  H  H  B  Z  K  A  S  K  A  N  A  R
E  N  G  İ  N  A  R  E  C  T  G  K  T  N  O
Z  S  L  A  K  T  Q  Z  I  G  A  Y  A  O  K
K  O  A  H  O  A  Z  Y  L  Z  K  L  R  Z  O
R  Ğ  Ş  E  B  L  J  D  T  Z  V  T  I  C  L
R  A  H  A  B  A  N  R  A  K  J  Z  B  K  İ
O  N  D  S  F  S  J  O  P  R  U  T  U  H  V
D  V  B  E  Z  E  L  Y  E  E  I  N  R  C  O
V  A  T  Y  P  V  O  Z  F  K  M  A  C  M  T
```

ENGİNAR	ZEYTIN
BROKOLİ	SOĞAN
HAVUÇ	MAYDANOZ
KARNABAHAR	BEZELYE
KEREVİZ	KABAK
SALATALIK	TURP
PATLICAN	SALATA
SARIMSAK	ISPANAK
ZENCEFIL	DOMATES
MANTAR	ŞALGAM

71 - Boats

```
B  M  V  L  A  R  G  K  C  J  Ç  Z  C  D  L
E  A  B  P  M  U  U  E  D  I  A  J  H  A  C
K  L  E  Z  S  Y  A  T  L  P  P  N  G  L  V
Q  A  R  A  U  Y  F  C  F  G  A  A  I  G  H
Ş  A  M  A  N  D  I  R  A  D  I  F  U  A  F
N  I  A  F  A  N  I  U  Q  I  İ  T  O  L  L
Z  L  T  A  Y  F  B  I  Z  F  G  R  H  A  D
M  K  E  U  K  S  A  L  C  L  R  U  E  R  E
T  O  F  T  O  B  İ  R  E  F  V  A  Q  K  N
I  N  T  A  B  E  T  T  E  R  Ü  M  G  G  I
N  A  K  O  D  E  N  İ  Z  C  İ  E  A  Ö  Z
E  K  A  Y  R  Y  E  L  K  E  N  L  İ  L  İ
H  L  Q  R  C  D  N  S  U  F  E  A  T  J  N
I  G  J  U  D  Z  T  O  P  P  L  Z  S  E
R  Z  L  L  V  O  D  I  B  Y  G  S  Y  O  D
```

ÇAPA	OKYANUS
ŞAMANDIRA	SAL
KANO	NEHIR
MÜRETTEBAT	IP
DOK	YELKENLİ
MOTOR	DENİZCİ
FERİBOT	DENIZ
GÖL	GELGIT
DİREK	DALGALAR
DENİZ	YAT

72 - Activities and Leisure

```
P  Q  V  O  L  E  Y  B  O  L  D  Q  H  S  R
S  Ö  R  F  C  R  H  U  I  M  R  I  O  E  A
B  A  H  Ç  I  V  A  N  L  I  K  B  B  Y  H
S  A  N  A  T  F  U  T  B  O  L  R  İ  A  A
O  M  B  U  R  C  E  J  D  H  Q  T  L  H  T
E  A  T  A  R  O  R  A  R  Y  N  P  E  A  L
P  Y  M  E  S  Y  Ü  R  Ü  Y  Ü  Ş  R  T  A
B  O  K  S  N  K  J  G  P  P  O  L  R  E  T
U  B  N  U  V  İ  E  M  Z  Ü  Y  P  O  T  I
D  T  B  S  N  Q  S  T  F  F  B  Q  N  M  C
A  C  S  G  C  S  O  M  B  J  J  S  P  E  I
L  E  U  F  O  T  L  B  L  O  V  K  D  K  N
I  A  V  Q  Y  L  N  A  Z  L  L  L  L  U  J
Ş  L  D  G  G  T  F  B  E  Y  Z  B  O  L  H
N  D  H  F  A  B  A  L  I  K  Ç  I  L  I  K
```

SANAT	HOBİLER
BEYZBOL	BOYAMA
BASKETBOL	RAHATLATICI
BOKS	FUTBOL
DALIŞ	SÖRF
BALIKÇILIK	YÜZME
BAHÇIVANLIK	TENİS
GOLF	SEYAHAT ETMEK
YÜRÜYÜŞ	VOLEYBOL

73 - Driving

```
Z  L  O  Y  U  K  H  M  K  B  A  O  M  M  M
G  E  Z  C  A  Z  A  K  O  T  N  İ  Y  D  T
T  N  H  L  B  Y  İ  P  M  N  O  L  H  F  E
V  Ü  L  S  A  Y  A  O  R  O  A  İ  S  U  H
L  T  İ  S  R  P  T  L  G  Y  T  K  S  M  N
Z  H  S  Ü  A  Q  İ  İ  Y  M  I  O  D  O  R
F  I  A  R  T  H  R  S  B  A  K  Y  R  T  M
G  İ  N  Ü  N  K  A  Y  F  K  A  A  E  O  T
H  A  S  C  T  T  H  G  I  N  Y  C  L  S  R
I  K  R  Ü  T  E  H  L  İ  K  E  G  N  İ  A
Z  C  C  A  G  Y  Z  M  E  K  S  A  E  K  F
K  C  G  L  J  İ  R  Y  F  Y  H  Z  R  L  İ
M  O  L  Y  T  N  K  P  R  J  T  K  F  E  K
P  D  M  P  M  M  P  C  O  J  C  Z  B  T  L
J  E  Z  D  İ  E  J  D  M  C  V  R  C  P  H
```

KAZA	MOTOR
FRENLER	MOTOSİKLET
ARABA	YAYA
TEHLIKE	POLİS
SÜRÜCÜ	YOL
YAKIT	EMNİYET
GARAJ	HIZ
GAZ	TRAFİK
LİSANS	KAMYON
HARİTA	TÜNEL

74 - Biology

```
K L N L P E N Z İ M R S A T S
U Q Y A L R I N I S O M Z O İ
G Z P L B M O H O R M O N M N
B A K T E R İ T Q U B G T P A
T L O Y İ R B M E Y E F B H P
S F E P D J B O O İ M L K U S
İ Ü K G I T I Z S T N O R Ö N
S Q R N O K O O T L A Ğ O D E
O R J Ü B R V M M D F N D E V
İ H Y U N H I O C D Q A A C R
B J Q L Q G L R E L T S H V I
M L K U C Y E K H Ü C R E J M
Y M E M E L İ N O Y S A T U M
S F O T O S E N T E Z D N Q J
P E Z K O L A J E N V P R G C
```

ANATOMİ	MUTASYON
BAKTERİ	DOĞAL
HÜCRE	SINIR
KROMOZOM	NÖRON
KOLAJEN	OZMOS
EMBRİYO	FOTOSENTEZ
ENZİM	PROTEİN
EVRIM	SÜRÜNGEN
HORMON	SYMBİOSİS
MEMELİ	SİNAPS

75 - Professions #2

```
V D N P E Y S V C I J U F G K
Q B Y F İ T K E D E D Z Q G Ü
R E S S A M O R Z I R K N G T
Ö Ğ R E T M E N O Ç Ş R A S Ü
J Y E R I N C R O T A Ç A A P
Z S Z Y C N P U L F N E I H H
A T I J U D H F O I T R B Z A
M S Ç I M F Z J G Ç E T A T N
Ü D T P G A Z E T E C I H P E
H F R R O T K O D K C V Ç İ E
E P C G O L O Y İ B G T I L E
N Q N H E N E M Q L R P V O D
D F J D F F O Z O L İ F A T J
I B T F C M C T V N Y S N N J
S H F O T O Ğ R A F Ç I M Q J
```

ASTRONOT
BİYOLOG
DIŞÇI
DEDEKTİF
MÜHENDIS
ÇIFTÇI
BAHÇIVAN
ÇIZER
MUCIT
GAZETECI

KÜTÜPHANE
RESSAM
FİLOZOF
FOTOĞRAFÇI
DOKTOR
PİLOT
CERRAH
ÖĞRETMEN
ZOOLOG

76 - Emotions

```
M E D N H G T Z Z O N Y L S H
H E S Y E M T H I Q P B A M A
E A M A L T A H A R P C A M S
Y Q Ç N İ V E S B Y O H M R S
E N P K U L T U M J G K A
C K Ş A J N G A T N I K A S S
A O S N G R A T T E N N I M İ
N R S Ü H D F A A Z P L T G Y
L K E Ü R J J H N A D O Y F E
I U M Z I P O A G K A F I V T
Ö G P Ü H H R R J E B A R I Ş
F V A N Z U D İ K T S B J C S
K A T T D N Z J Z P Z B Z P L
E Q İ Ü C Y B U M Y M V K I Y
S I K I N T I I I R I K T V I B
```

ÖFKE	BARIŞ
MUTLULUK	RAHAT
SIKINTI	RAHATLAMA
SAKIN	ÜZÜNTÜ
HEYECANLI	MEMNUN
KORKU	SÜRPRİZ
MINNETTAR	SEMPATİ
SEVİNÇ	HASSASİYET
NEZAKET	HUZUR
AŞK	

77 - Mythology

```
L A B İ R E N T T J K R Y A H
J O D J U V D V T M Ü S I Z G
Q M K Z I F M E C Ü L M Ü L Ö
C A N A V A R Y Ş A T M S I C
S K E N U M U N I P Ü C Ü N E
A I K F P U P P N L R C T A N
V T G U S O P A A V D K L N N
A N J K V A V E R M F I Ü Ç E
Ş I B P O V N K V R E T R K T
Ç S J K K F E E A D L A Ü I C
I B E I Y O G T D Z A R G F M
K I S K A N Ç L I K K A K G F
Y A R A T I L I Ş L E Y Ö N Q
Ö L Ü M S Ü Z L Ü K T I G Z F
K A H R A M A N T C L O Q I D
```

NUMUNE	KISKANÇLIK
DAVRANIŞ	LABİRENT
INANÇ	EFSANE
YARATILIŞ	YILDIRIM
YARATIK	CANAVAR
KÜLTÜR	ÖLÜMLÜ
FELAKET	INTIKAM
CENNET	KUVVET
KAHRAMAN	GÖK GÜRÜLTÜSÜ
ÖLÜMSÜZLÜK	SAVAŞÇI

78 - Agronomy

```
N F E H A Q C F U S E G Q Z R
A R A Ş T I R M A U K I U E H
E K E R V E Ç R B M O M B Y A
K I M N N T D F V S L Z I E S
I S Ü Y E R F R J T O T Z D T
R E Y A T R B B Z C J G R N A
S B Ü P T E J M M G İ E K D L
A Z B I G L K I L I L R I K I
L E M M P İ İ R G D L T I A K
Z L P A D K N A D A T I P M L
M E E G F T A T M Q Y H B U A
H R T Q H İ G G Ü B R E C K R
O M T S K B R V F K P E B O L
Z L P M U H O T E R O Z Y O N
B L B K N B D U D O Z M C C E
```

TARIM	BİTKİLER
HASTALIKLAR	KIRLILIK
EKOLOJİ	YAPIM
ENERJI	ARAŞTIRMA
ÇEVRE	KIRSAL
EROZYON	BILIM
GÜBRE	TOHUM
GIDA	OKUMAK
BÜYÜME	SEBZELER
ORGANİK	SU

79 - Hair Types

```
N  U  Z  U  O  B  G  S  G  G  J  G  P  Q  C
I  L  K  I  L  Ğ  A  S  I  Ü  R  L  H  Z  E
L  E  N  R  F  T  J  F  K  Y  M  İ  H  A  V
A  K  A  Ş  U  M  U  Y  A  G  A  Ü  G  R  Ö
K  U  R  U  Z  K  V  O  H  N  E  H  Ş  P  Q
S  A  R  I  Ş  I  N  I  V  E  N  M  Q  A  D
G  K  R  D  Y  C  Y  C  E  C  N  I  N  R  U
J  I  Y  K  T  R  G  D  R  H  L  P  K  L  Y
S  S  G  L  H  I  U  A  E  H  P  Ü  L  A  K
Z  A  Y  E  B  V  A  L  N  E  P  L  Y  K  O
E  G  D  N  I  I  O  G  G  D  Q  Ü  B  L  Q
B  T  B  D  L  K  L  A  I  Y  T  G  V  Z  T
K  V  U  C  A  Z  İ  L  K  N  E  R  H  N  L
O  A  R  G  Q  M  K  I  U  N  F  Ö  R  Y  A
C  T  I  H  J  B  D  Z  V  E  C  K  Z  S  H
```

KEL	SAĞLIKLI
SIYAH	UZUN
SARIŞIN	PARLAK
ÖRGÜLÜ	KISA
ÖRGÜ	GÜMÜŞ
KAHVERENGI	YUMUŞAK
RENKLİ	KALIN
KIVIRCIK	INCE
KURU	DALGALI
GRİ	BEYAZ

80 - Garden

```
I  L  M  U  U  E  U  Q  N  J  A  R  A  G  L
H  A  M  A  K  A  R  P  O  T  Q  S  V  P  S
V  P  P  N  N  S  D  Ç  A  L  I  A  M  D  I
T  J  H  Z  A  B  L  A  D  V  T  R  N  A  V
H  Y  Z  E  B  J  H  Ğ  N  S  I  E  N  H  T
I  O  T  K  K  E  N  A  A  O  R  T  B  Q  I
D  B  R  E  Ü  P  M  Z  R  T  M  U  Q  R  Y
Q  F  G  T  O  R  N  M  E  L  I  F  Q  Y  U
Y  T  Ö  N  U  R  E  J  V  A  K  Z  U  M  J
R  B  L  G  L  M  M  K  E  R  G  J  J  I  P
Z  K  E  Ç  I  Ç  I  K  A  D  J  S  A  L  G
L  R  T  Y  K  E  Ç  H  A  B  Z  C  M  Z  V
T  R  A  M  B  O  L  İ  N  V  O  S  B  Q  J
Y  R  L  Ç  I  T  F  C  J  H  P  M  H  L  O
P  B  L  A  G  S  F  C  D  K  L  A  H  J  A
```

BANK	VERANDA
ÇALI	TIRMIK
ÇIT	KÜREK
ÇIÇEK	TOPRAK
GARAJ	TERAS
BAHÇE	TRAMBOLİN
ÇIMEN	AĞAÇ
HAMAK	ASMA
HORTUM	OTLAR
GÖLET	

81 - Diplomacy

```
H  S  R  P  O  C  C  Y  G  E  F  İ  B  U  H
A  Ü  P  I  A  P  U  T  T  R  S  Ş  Ü  Q  T
G  T  K  İ  T  E  M  D  A  S  İ  B  Y  D  O
A  A  I  Ü  O  D  G  P  N  O  Y  İ  Ü  D  P
D  R  L  A  M  J  A  K  Y  R  A  R  K  İ  L
A  T  N  N  Ü  E  Q  N  I  A  S  L  E  P  U
L  I  E  T  Z  M  T  O  I  L  E  İ  L  L  L
E  Ş  V  L  Ö  Ş  U  B  C  Ş  T  Ğ  Ç  O  U
T  M  Ü  A  Ç  I  Y  Ü  N  A  M  İ  İ  M  K
N  A  G  Ş  N  K  M  T  A  D  N  A  I  A  T
I  T  L  M  B  E  I  Ü  B  N  A  D  N  T  C
R  L  K  A  V  Ç  C  N  A  A  N  F  P  İ  P
E  L  Ç  İ  L  İ  K  L  Y  T  D  M  K  K  K
İ  N  S  A  N  İ  E  Ü  P  A  A  U  A  R  F
D  İ  L  L  E  R  Q  K  D  V  U  C  J  J  C
```

DANIŞMAN	YABANCI
BÜYÜKELÇİ	HÜKÜMET
VATANDAŞLAR	İNSANİ
TOPLULUK	BÜTÜNLÜK
ÇEKIŞME	ADALET
İŞBİRLİĞİ	DİLLER
DİPLOMATİK	SİYASET
TARTIŞMA	GÜVENLIK
ELÇİLİK	ÇÖZÜM
ETİK	ANTLAŞMA

82 - Countries #1

```
F D B O İ A V V A Y N O L O P
A C J R S L İ E Y S İ İ A V N
S Q M K P M E N L Z K Y G A L
L Q N H A A T E İ R A M E S İ
F E Q Y N N Z Z C R V N B B
Y İ T M Y Y A U E R A L E L Y
H B N O A A M E R K G J S İ A
I V L L N I U L B B U A T A L
T H H V A Y R A Y N A M O R C
L F S R B N A A L D M V B S Y
N O R V E Ç D A K F A F K İ R
H Q P O A J A İ U G N L H V S
M I S I R T N A Y L A T İ G Z
I K Q C F R A K T A P V K D C
A F L G C Q K U H V L K V Z C
```

BREZILYA	FAS
KANADA	NİKARAGUA
MISIR	NORVEÇ
FİNLANDİYA	PANAMA
ALMANYA	POLONYA
IRAK	ROMANYA
İSRAİL	SENEGAL
İTALYA	İSPANYA
LETONYA	VENEZUELA
LİBYA	VİETNAM

83 - Adjectives #1

```
S  M  A  F  Y  M  K  Y  D  Z  S  N  T  M  Z
T  J  K  M  F  Q  A  P  C  H  I  R  S  L  I
R  M  Q  C  N  I  R  R  C  U  L  E  Ü  A  O
F  R  K  V  L  N  A  K  S  E  R  D  R  S  G
G  Ü  Z  E  L  J  N  J  O  Y  A  O  Ü  T  R
G  F  S  N  O  Y  L  Y  L  C  R  M  D  A  C
M  U  T  L  A  K  I  G  K  E  A  V  P  N  M
S  U  Ö  Z  M  I  K  B  F  E  Y  M  D  A  Z
Y  C  Z  Q  U  T  R  E  M  Ö  C  L  A  S  Ö
A  O  D  G  T  O  I  T  S  R  Z  T  F  N  N
V  K  E  Q  L  Z  T  V  H  N  I  N  C  E  E
A  R  Ş  V  U  G  K  L  A  J  S  Ğ  E  V  M
Ş  F  E  K  S  E  Ç  E  K  I  C  I  A  L  L
A  R  O  M  A  T  İ  K  E  S  Q  B  N  E  I
U  N  D  E  Ğ  E  R  L  I  G  U  B  M  K  Y
```

MUTLAK	AĞIR
HIRSLI	YARARLI
AROMATİK	DÜRÜST
SANATSAL	KOCAMAN
ÇEKICI	ÖZDEŞ
GÜZEL	ÖNEMLI
KARANLIK	MODERN
EGZOTIK	YAVAŞ
CÖMERT	INCE
MUTLU	DEĞERLI

84 - Global Warming

```
H  D  U  I  U  U  I  R  E  V  M  M  N  M  U
S  Ü  J  L  Y  M  J  I  K  L  I  M  R  E  L
B  N  K  I  T  K  R  A  O  K  Y  S  B  V  U
N  A  O  Ü  C  P  E  H  A  M  T  I  A  Z  S
H  M  C  I  M  M  N  J  I  V  K  C  R  U  L
M  G  S  S  C  E  E  G  H  Q  G  A  I  A  A
V  O  G  R  D  K  T  U  V  D  E  K  A  T  R
F  R  L  E  S  E  R  V  E  Ç  L  L  G  Q  A
M  Q  S  L  L  Y  N  E  M  D  E  I  A  I  R
V  O  N  L  Z  I  D  D  Q  J  C  K  Z  Y  A
D  U  Ü  İ  P  D  Ş  Q  Ü  R  E  L  I  Q  S
A  O  F  S  J  M  R  M  M  S  K  A  R  V  I
T  L  U  E  H  I  G  F  E  C  T  R  K  T  E
M  B  S  N  A  Ş  E  B  R  T  Z  R  Q  Y  V
A  Z  A  L  T  M  A  K  B  V  S  O  I  Z  H
```

ARKTIK	NESİLLER
IKLIM	HÜKÜMET
KRIZ	ENDÜSTRI
VERI	ULUSLARARASI
GELIŞME	MEVZUAT
ENERJI	ŞIMDI
ÇEVRESEL	NÜFUS
GELECEK	SICAKLIKLAR
GAZ	AZALTMAK

85 - Landscapes

```
T  D  D  A  Ğ  T  H  V  B  B  S  B  Y  K  O
Q  E  G  A  C  Z  L  J  E  U  J  U  A  N  J
T  N  C  Ö  B  Q  B  P  Z  Z  S  Z  R  Y  R
N  I  G  U  L  M  U  C  G  U  F  D  I  H  V
Q  Z  V  K  T  H  E  K  V  L  D  A  M  N  V
O  K  Y  A  N  U  S  U  Y  V  F  Ğ  A  E  L
K  Y  U  H  A  D  A  T  B  O  G  I  D  H  N
P  M  K  A  R  D  N  U  T  L  A  U  A  I  E
K  S  B  V  E  H  K  S  M  K  Y  P  E  R  Q
B  A  T  A  K  L  I  K  J  A  Z  P  L  A  J
U  L  M  R  E  H  Z  D  V  N  E  U  A  V  T
E  V  S  K  C  Ç  P  P  A  Z  R  P  L  H  T
R  G  O  F  D  Ö  Q  C  T  V  Y  K  E  D  D
V  I  M  G  E  L  M  A  Ğ  A  R  A  Ş  T  P
B  R  G  Q  K  Q  E  R  F  O  P  T  Q  R  M
```

PLAJ	VAHA
MAĞARA	OKYANUS
ÇÖL	YARIMADA
GAYZER	NEHIR
BUZUL	DENIZ
TEPE	BATAKLIK
BUZDAĞI	TUNDRA
ADA	VADI
GÖL	VOLKAN
DAĞ	ŞELALE

86 - Plants

```
D  B  Y  C  B  N  J  H  F  G  U  M  Ç  A  B
Q  U  A  P  O  B  Z  D  K  Q  O  B  İ  J  L
J  C  T  H  H  O  E  Z  E  B  Ç  V  M  J  C
I  B  U  K  Ç  A  Ğ  A  Ç  Y  İ  M  E  A  R
O  R  M  A  N  E  Y  G  I  V  Ç  E  N  F  B
J  Y  O  R  I  Y  E  I  Ç  Z  E  V  Q  L  D
Ç  D  V  P  S  L  Ş  S  Ü  T  K  A  K  O  F
A  T  Z  A  S  U  İ  G  Ü  B  R  E  I  R  Q
L  Z  F  Y  C  S  L  Z  M  H  Y  M  Ş  A  J
I  N  B  S  Y  A  L  L  I  F  L  Q  A  E  P
E  T  C  A  Z  F  İ  K  O  F  N  C  M  L  Z
J  M  D  T  R  Y  K  U  B  K  Ö  K  R  S  R
O  N  B  O  E  B  O  T  A  N  İ  K  A  A  D
B  İ  T  K  İ  Ö  R  T  Ü  S  Ü  B  S  S  T
Y  O  S  U  N  O  T  F  C  K  H  A  E  K  L
```

BAMBU	YEŞİLLİK
FASULYE	ORMAN
DUT	BAHÇE
ÇİÇEK	ÇİMEN
BOTANİK	SARMAŞIK
ÇALI	YOSUN
KAKTÜS	YAPRAK
GÜBRE	KÖK
FLORA	AĞAÇ
ÇİÇEK	BİTKİ ÖRTÜSÜ

87 - Boxing

```
H Z D P Z T J G G G T A C E T
H I C I Ç Ş A V A S P Q E Z Y
A L G L R J D V P Y T K K P A
L M B Z S S U N V H E A Ö Y Z
A R L I S G E T E K K D K Ş I
T F P H V M U K L T M O U K E
E L D I V E N L E R E Ç R U O
K Z G R K M U V B C L E T V Y
G O G E U A G B U K E N A V U
H J K C J T R C S J M E R E M
Q Z S E K U O D G K E H M T R
Y H L B U O Y B P D K A A E U
V Ü C U T Y O I U Q N K I R K
B T E V H R Y Y T Z K E Z T G
P Q I I J T Q R V U D M C F V
```

ZIL	ELDIVENLER
VÜCUT	TEKMELEMEK
ÇENE	RAKIP
KÖŞE	HIZLI
DIRSEK	KURTARMA
YORGUN	HAKEM
SAVAŞÇI	HALAT
YUMRUK	BECERI
ODAK	KUVVET

88 - Countries #2

```
Q R U G A N D A B O Q A J L J
N E P A L Y M O Y U B Y B İ A
D T Z D D S Q G O J T R Z B P
G L F L N L S U R İ Y E B E O
T U S V A S O A L E T J B R N
L K U L T U V A N R A İ A Y Y
S Ü K N S D A K S U K N A A A
O T B Y I A Y S U R İ A K H T
M R N N N P Z U B A T R N J
A G B A A Y O N K N M S A C K
L N D H N N Y V R C A I M B G
İ M R G U P İ L A L J K İ J J
D Q Z F Y H T D Y K J A N G K
I A K İ S K E M N E T P A S Z
H V M A Q D I B A Y H M D V A
```

ARNAVUTLUK	MEKSİKA
DANİMARKA	NEPAL
ETİYOPYA	NİJERYA
YUNANISTAN	PAKISTAN
HAİTİ	RUSYA
JAMAİKA	SOMALİ
JAPONYA	SUDAN
LAOS	SURİYE
LÜBNAN	UGANDA
LİBERYA	UKRAYNA

89 - Adjectives #2

```
E  Z  K  Q  V  C  G  V  A  H  Ş  İ  H  Ü  B
N  B  C  C  N  Q  U  L  M  U  R  O  S  R  K
T  F  A  L  K  D  R  A  C  L  U  Q  N  E  K
E  F  J  L  U  S  U  Ğ  S  Z  B  Y  C  T  B
R  G  Z  Z  R  E  R  O  R  U  B  T  D  K  N
E  I  Ü  A  U  N  L  D  R  T  H  D  M  E  F
S  L  A  Ç  R  E  U  L  U  K  Y  U  I  N  K
A  K  A  Z  L  I  C  I  Y  A  L  K  I  Ç  A
N  E  P  S  K  Ü  F  Z  K  Q  F  P  A  O  C
Ü  N  L  Ü  S  A  Ğ  L  I  K  L  I  Ç  T  I
A  E  U  R  R  A  P  A  E  N  B  C  O  A  S
M  T  Y  A  R  A  T  I  C  I  E  J  Q  N  T
Y  E  P  P  G  F  A  G  P  C  Y  Y  U  T  A
R  Y  L  A  V  N  C  F  L  C  A  A  U  I  M
M  I  L  R  J  F  G  Y  P  H  B  C  K  K  Q
```

OTANTIK	ENTERESAN
YARATICI	DOĞAL
AÇIKLAYICI	YENI
KURU	ÜRETKEN
ZARIF	GURURLU
ÜNLÜ	SORUMLU
YETENEKLI	TUZLU
SAĞLIKLI	UYKULU
SICAK	GÜÇLÜ
AÇ	VAHŞI

90 - Psychology

```
G C I E D Y L Z D V H R Ç B A
O G E A J A U M H A Z A O K E
D Y M A C C V L I V I N C L V
K I Ş I L I K R S J S D U İ U
P T I D A B N P A S Ç E K N S
F L K C F T V B O N N V L İ Z
J R E L R İ K İ F T I U U K G
E Y Ç J M Z V T A T L Ş K A H
V D E Ğ E R L E N D I R M E A
D Ü Ş Ü N C E L E R B T B E Y
G E R Ç E K L I K M A E A M A
B İ L İ N Ç A L T I B R L N L
B I L I Ş I U Y Z M U A G H D
S O R U N G O E F Y M P I F C
T F D U Y G U L A R I İ C H P
```

RANDEVU	FİKİRLER
DEĞERLENDIRME	ALGI
DAVRANIŞ	KIŞILIK
ÇOCUKLUK	SORUN
KLİNİK	GERÇEKLIK
BILIŞ	HIS
ÇEKIŞME	BİLİNÇALTI
HAYAL	TERAPİ
EGO	DÜŞÜNCELER
DUYGULAR	BILINÇSIZ

91 - Math

```
R E U C N T L R Y V F C Y P E
T V T A B U P K A R E J K A D
R J K S Z Ş A C Z A R J İ R S
J N E G K O Ç N A L P H T A İ
Ç E V R E K I E K A E G E L M
F G F Y S I R U D E N U M E E
L Ç D T C G A V L T S S T L T
J Ü O O R G Y M G S Y I İ K R
B Ö L Ü M D E N K L E M R E İ
O N D A L I K U Z N P J A N Q
A Ç I L A R A L I Y A S S A K
D I K D Ö R T G E N Ç H I R O
G E O M E T R İ H H H A C I M
V P R Y J R Z U T S F I F T D
M N J T N P R F I P D D Ü S H
```

AÇILAR	KOŞUT
ARİTMETİK	PARALELKENAR
ONDALIK	ÇEVRE
ÇAP	ÇOKGEN
BÖLÜM	YARIÇAP
DENKLEM	DIKDÖRTGEN
ÜS	KARE
KESIR	SİMETRİ
GEOMETRİ	ÜÇGEN
SAYILAR	HACIM

92 - Activities

```
Y H Z T R A L A C A M L U B J
K Z A O Y U N L A R N U B A U
Y Ü R Ü Y Ü Ş C V Y E K G L S
Z E V K I F Q I Q H N B Y I L
Ş İ K İ D I T B H M N N U K C
F O T O Ğ R A F Ç I L I K Ç Ö
B A B H F I M O K U M A I I R
Q M E H U H A S I U T N L L M
Z A K N I I Y N E V E S I I E
V L Z S D S O A L R D B C K B
F T A N A S B D I Q A Q V D E
B A H Ç I V A N L I K M A U C
G H D Y Y I F F C Z P T İ H E
N A G I B O Q B A T Y F R K R
K R M P R S V H O V N D S C I
```

SANAT
SERAMİK
DANS
BALIKÇILIK
OYUNLAR
BAHÇIVANLIK
YÜRÜYÜŞ
AVCILIK
ÖRME
BOŞ

SIHIR
BOYAMA
FOTOĞRAFÇILIK
ZEVK
BULMACALAR
OKUMA
RAHATLAMA
DİKİŞ
BECERI

93 - Business

```
K O V N F V İ G R E V Z D M R
Â L P V B Z M G R M R B U A C
R R B V J R O O D A A N T L Y
E Q H U J Y N A Ş I L A Ç I R
Y P S B Q H O L Q Ş K U C Y D
I Ö A A Y I K T S N I C K E A
R D N R I L E G N L Y R A T L
A R A E A I N D I R I M K N A
K E K Ç T S A T I Ş F I I E B
V M K T N I J O F İ S R R R T
Q E Ü Ü V F C U T E G I B E H
Z Q D B A H Z I A Q B T A V J
P A R A B İ R İ M İ I A F Ş G
C Q Z M L Y N C M T O Y Y I B
S I G E I T Q Z O H M A L O S
```

BÜTÇE	GELIR
KARIYER	YATIRIM
ŞIRKET	YÖNETICI
MALIYET	MAL
PARA BİRİMİ	PARA
INDIRIM	OFİS
EKONOMİ	KÂR
ÇALIŞAN	SATIŞ
IŞVEREN	DÜKKAN
FABRIKA	VERGİ

94 - The Company

```
O  H  C  O  M  D  K  T  J  J  P  R  I  R  R
K  L  Y  U  Y  O  K  Ü  S  H  V  U  B  R  İ
A  Y  A  R  E  L  M  İ  R  İ  B  O  J  I  S
Y  E  R  S  M  T  C  T  A  E  T  I  L  A  K
N  N  I  J  I  V  G  U  R  I  S  I  H  E  L
A  I  U  M  R  L  Z  T  A  E  Z  E  B  N  E
K  L  K  S  I  S  I  K  K  M  O  V  L  D  R
L  I  B  D  T  G  Ü  K  B  E  G  P  I  Ü  V
A  K  R  A  A  E  C  P  G  L  H  F  C  S  E
R  Ç  E  C  Y  L  R  U  P  R  A  B  I  T  I
N  I  A  H  A  I  E  S  U  E  D  Y  T  R  B
S  U  N  U  M  R  T  U  F  L  B  I  A  I  P
Y  L  I  Ü  B  T  L  I  S  I  M  I  R  D  E
B  N  C  L  R  A  E  Ş  J  U  C  R  A  K  J
K  J  T  E  F  Ü  R  K  I  U  L  B  Y  N  U
```

IŞ	ÜRÜN
YARATICI	ILERLEME
KARAR	KALITE
KÜRESEL	ITIBAR
ENDÜSTRI	KAYNAKLAR
YENILIKÇI	GELIR
YATIRIM	RİSKLER
OLASILIK	BİRİMLER
SUNUM	ÜCRETLER

95 - Literature

```
R  U  T  T  Y  P  R  B  A  L  H  Ş  B  V  Y
M  C  G  A  Q  H  İ  İ  N  E  Y  I  F  A  K
C  O  O  R  T  P  T  Y  E  S  U  I  Y  M  C
C  M  L  Z  U  H  İ  O  K  R  N  R  V  R  S
E  F  A  A  P  K  M  G  D  İ  T  M  L  I  L
Z  H  Y  C  S  I  J  R  O  İ  M  C  N  T  D
R  İ  E  Ç  T  Q  A  T  Ş  J  K  S  Ş  B
T  D  D  M  U  V  F  F  L  S  B  U  O  A  E
J  E  T  A  N  I  M  İ  D  A  H  G  M  L  Q
Z  Y  M  R  O  A  L  G  K  N  Y  L  S  I  L
I  B  Y  A  S  P  M  Z  I  A  S  V  R  Ş  T
L  L  H  Z  I  K  U  O  A  L  L  V  U  R  Q
A  N  L  A  T  I  C  I  R  O  C  Y  M  A  H
N  O  V  Y  V  F  İ  D  E  J  A  R  T  K  D
A  A  A  A  K  E  U  P  V  İ  T  H  T  Y  A
```

ANALOJİ	MECAZ
ANALIZ	ANLATICI
ANEKDOT	ROMAN
YAZAR	ŞIIR
BİYOGRAFİ	ŞİİRSEL
KARŞILAŞTIRMA	KAFIYE
SONUÇ	RİTİM
TANIM	TARZ
DİYALOG	TEMA
KURGU	TRAJEDİ

96 - Geography

```
K  U  Z  E  Y  E  N  Ü  G  B  Ö  L  G  E  K
R  P  P  F  Y  D  G  M  Z  A  D  F  B  K  I
G  Z  U  A  Z  V  R  A  A  G  M  P  J  C  T
C  I  K  D  C  P  V  Y  R  B  J  P  A  A  A
K  R  P  A  N  T  Z  N  N  R  D  E  K  H  P
Ü  L  K  E  Q  S  R  Ü  K  B  R  H  V  I  C
N  L  C  B  N  O  S  D  N  G  N  Q  F  K  Q
K  E  R  O  T  A  V  K  E  C  Z  F  E  T  O
E  Y  H  E  N  L  E  M  Y  N  S  T  Ğ  G  K
N  L  A  I  A  A  H  E  D  M  I  K  A  R  Y
T  A  V  T  R  T  G  A  İ  U  O  Z  D  P  A
J  C  D  A  D  L  U  D  R  R  C  K  I  C  N
T  J  E  B  Q  A  I  D  E  İ  M  R  P  N  U
A  D  A  C  D  S  G  A  M  H  T  B  P  I  S
Y  A  R  I  M  K  Ü  R  E  E  A  A  H  Y  B
```

RAKIM	MERİDYEN
ATLAS	DAĞ
KENT	KUZEY
KITA	OKYANUS
ÜLKE	NEHIR
EKVATOR	DENIZ
YARIMKÜRE	GÜNEY
ADA	BÖLGE
ENLEM	BATI
HARİTA	DÜNYA

97 - Jazz

```
I  A  S  V  Y  E  K  S  F  D  A  V  U  L  R
Y  V  İ  K  M  A  Q  H  E  T  I  Y  O  Q  P
J  O  V  V  G  H  V  S  M  Z  V  K  C  Z  B
G  A  N  O  Y  S  I  Z  O  P  M  O  K  C  A
M  M  Q  B  E  R  İ  T  İ  M  C  O  L  D  B
C  A  V  Y  T  Q  Y  R  S  G  R  B  J  M  J
O  L  E  F  E  T  E  K  N  İ  K  S  M  K  Q
T  Ç  M  G  N  I  A  L  K  I  Ş  M  Z  P  R
A  A  H  E  E  Q  O  O  I  N  A  S  J  A  A
P  Ğ  R  D  K  C  U  M  Z  E  Y  T  Ü  R  G
L  O  Q  Z  Q  B  T  B  Ü  Y  F  H  L  E  N
N  D  V  U  R  G  U  R  M  B  B  Y  N  S  G
S  A  N  A  T  Ç  I  D  T  V  L  K  Ü  N  Q
B  E  S  T  E  C  I  K  R  A  Ş  A  S  O  V
M  O  R  K  E  S  T  R  A  B  P  I  B  K  H
```

ALBÜM	DOĞAÇLAMA
ALKIŞ	MÜZIK
SANATÇI	YENI
BESTECI	YAŞ
KOMPOZISYON	ORKESTRA
KONSER	RİTİM
DAVUL	ŞARKI
VURGU	TARZ
ÜNLÜ	YETENEK
TÜR	TEKNİK

98 - Nature

```
A  L  N  H  F  K  Y  Y  O  N  P  F  E  P  T
İ  E  N  Z  T  İ  G  E  K  C  E  O  D  L  Ç
H  U  Z  U  R  L  U  O  H  K  S  H  Q  R  Ö
P  V  I  K  İ  L  L  İ  Ş  E  Y  B  I  U  L
Y  E  G  D  H  E  V  V  Q  R  U  U  H  R  C
S  A  K  İ  N  Z  K  Q  K  G  N  Z  A  A  B
D  Z  F  G  M  Ü  F  J  P  E  O  U  Y  L  I
M  K  O  P  Y  G  R  R  G  V  Y  L  V  T  D
G  A  G  R  P  J  B  E  A  A  Z  J  A  U  F
M  N  K  İ  M  A  N  İ  D  L  O  İ  N  L  F
U  I  B  H  L  A  K  İ  P  O  R  T  L  U  Q
A  R  K  T  I  K  N  Ş  L  N  E  A  A  B  G
D  A  Ğ  L  A  R  N  H  S  U  L  Y  R  L  M
I  B  S  T  J  Z  U  A  Q  F  O  A  D  T  E
İ  İ  Q  U  C  Q  R  V  B  V  I  H  S  İ  S
```

HAYVANLAR
ARKTIK
GÜZELLIK
ARLAR
BULUTLAR
ÇÖL
DİNAMİK
EROZYON
SİS
YEŞİLLİK

ORMAN
BUZUL
DAĞLAR
HUZURLU
NEHIR
BARINAK
SAKİN
TROPİKAL
HAYATİ
VAHŞİ

99 - Vacation #2

```
D  Z  Y  T  F  P  G  E  P  J  L  Y  K  D  H
E  Z  İ  V  V  M  D  H  O  N  S  A  Z  A  A
N  A  R  O  T  S  E  R  I  R  R  B  A  Ğ  V
I  P  A  L  Y  R  H  E  D  E  F  A  D  L  A
Z  Y  L  E  T  O  O  T  R  E  N  N  A  A  L
V  E  F  P  U  I  K  P  D  R  V  C  T  R  İ
S  B  A  U  I  S  A  I  A  P  I  I  A  R  M
S  H  R  K  P  E  L  N  N  S  A  B  N  A  A
O  D  Ğ  J  H  Y  Q  Q  M  H  A  G  A  I  N
F  R  O  O  P  A  G  U  M  A  I  P  F  V  I
O  N  T  J  Q  H  N  T  A  R  P  L  A  J  M
V  I  O  D  F  A  U  K  U  İ  Ç  A  D  I  R
A  H  F  Z  A  T  I  A  H  T  B  O  Ş  A  C
D  S  N  Q  T  A  K  S  İ  A  I  C  E  N  C
T  A  Ş  I  M  A  C  I  L  I  K  Y  S  E  B
```

HAVALİMANI	PASAPORT
PLAJ	FOTOĞRAFLAR
HEDEF	RESTORAN
YABANCI	DENIZ
OTEL	TAKSİ
ADA	ÇADIR
SEYAHAT	TREN
BOŞ	TAŞIMACILIK
HARİTA	VİZE
DAĞLAR	

100 - Electricity

```
U  E  T  E  L  E  F  O  N  K  A  B  L  O  C
A  L  L  I  P  T  M  I  K  N  A  T  I  S  R
H  E  A  V  O  F  E  N  S  E  N  M  M  Y  E
G  K  L  R  Z  K  P  L  V  P  A  B  M  A  L
P  T  P  O  İ  B  G  E  E  P  Ğ  O  E  U  L
U  R  N  T  T  Ç  Q  V  F  V  M  M  P  A  E
E  İ  Y  T  İ  U  K  I  O  I  İ  P  J  M  T
A  K  H  B  F  O  S  İ  V  U  M  Z  N  A  V
M  L  A  Z  E  R  J  F  R  I  H  K  Y  L  F
P  L  O  L  U  M  S  U  Z  T  V  C  T  O  S
U  C  U  V  Z  Q  J  J  V  B  K  A  G  P  N
L  Y  J  Y  J  I  R  Ö  T  A  R  E  N  E  J
A  Y  P  N  H  U  U  Y  N  V  U  L  L  D  P
Y  M  N  G  L  J  E  K  N  U  C  R  M  E  C
K  G  T  K  L  O  R  V  E  Y  N  Z  L  U  I
```

PIL	OLUMSUZ
AMPUL	AĞ
KABLO	NESNE
ELEKTRİK	POZİTİF
ELEKTRİKÇİ	YUVA
JENERATÖR	DEPOLAMA
LAMBA	TELEFON
LAZER	TELEVİZYON
MIKNATIS	TELLER

1 - Antiques

2 - Food #1

3 - Measurements

4 - Farm #2

5 - Books

6 - Meditation

7 - Days and Months

8 - Energy

9 - Chess

10 - Archeology

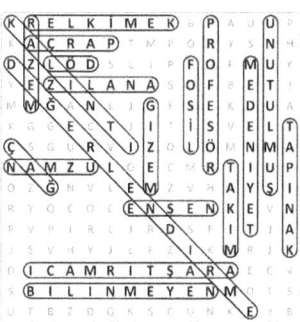

11 - Food #2

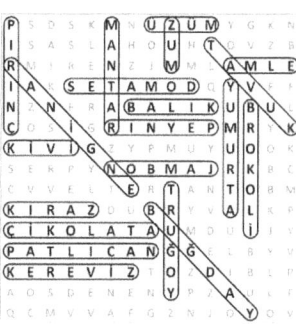

12 - Chemistry

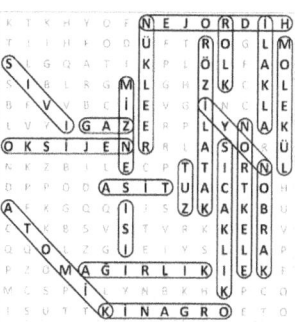

13 - Music

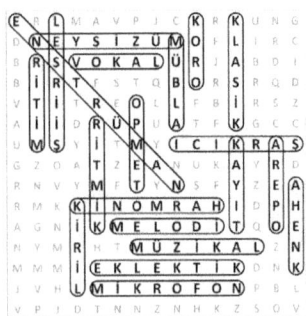

14 - Family

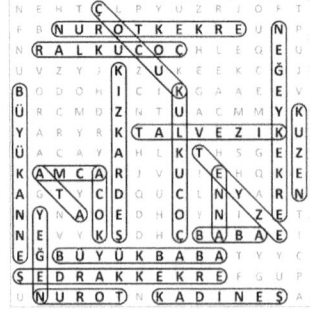

15 - Farm #1

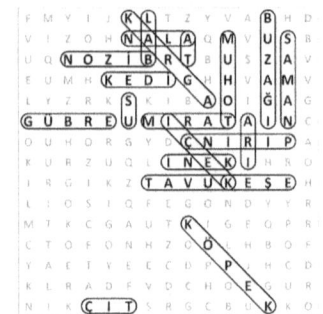

16 - Camping

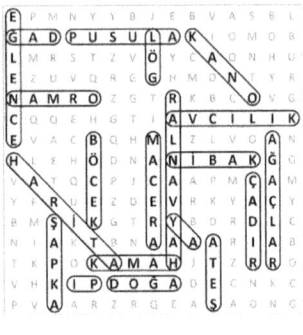

17 - Algebra

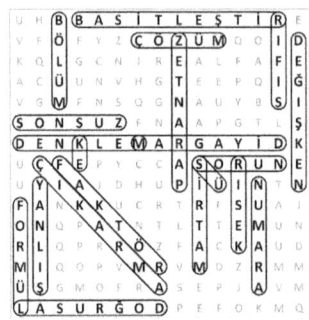

18 - Numbers

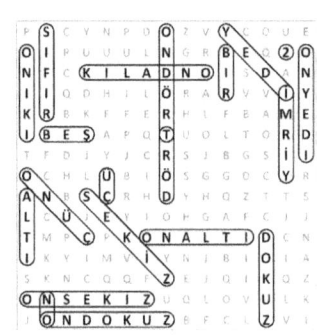

19 - Spices

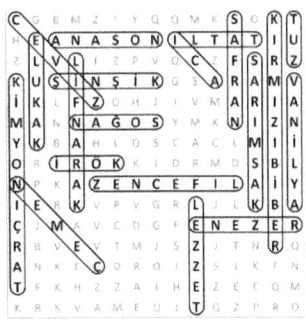

20 - Universe

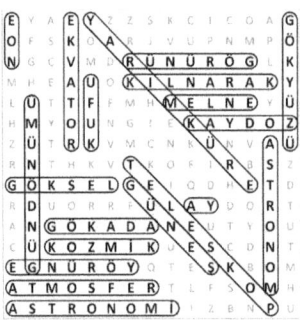

21 - Mammals

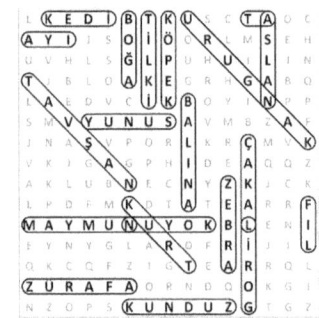

22 - Bees

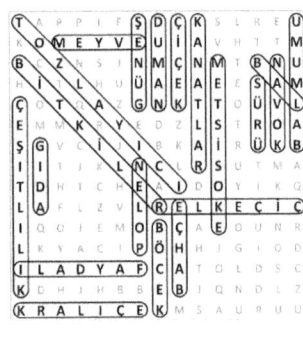

23 - Weather

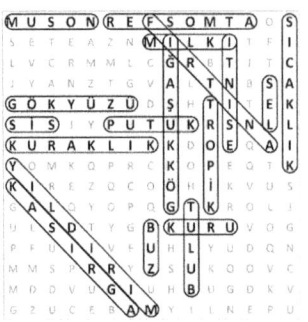

24 - Adventure

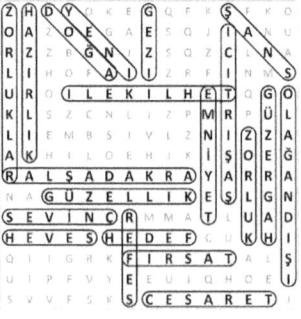

25 - Geology

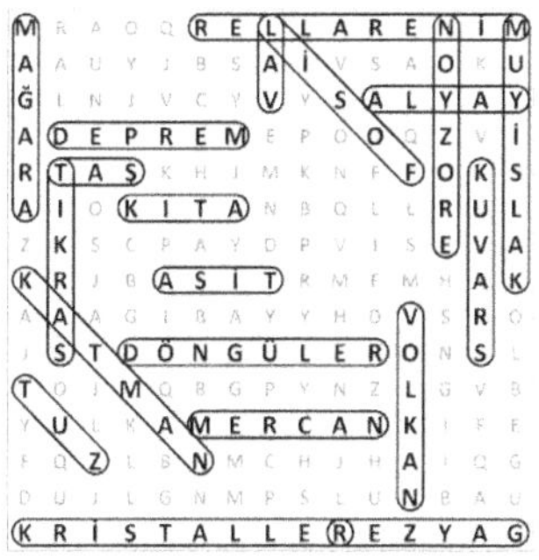

MİNERALLER, SALYAY, DEPREM, TAŞ, KITA, AŞIT, DÖNGÜLER, AMERICAN, KRİSTALLER, MAĞARA, EZYAG

26 - House

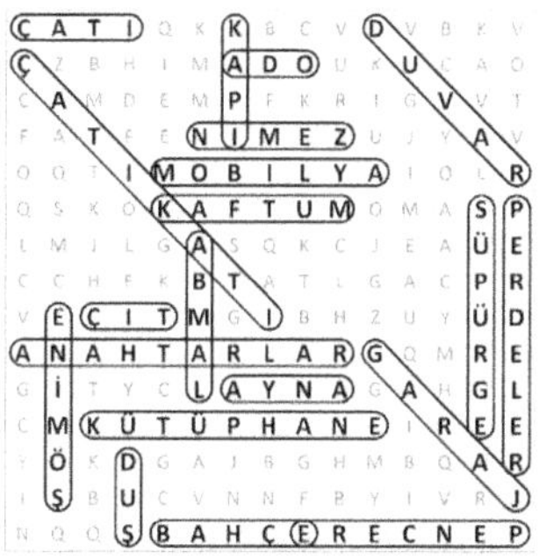

ÇATI, ADO, NİMEZ, MOBİLYA, KAFTUM, ANAHTARLAR, AYNA, KÜTÜPHANE, BAHÇE, PENCERE

27 - Physics

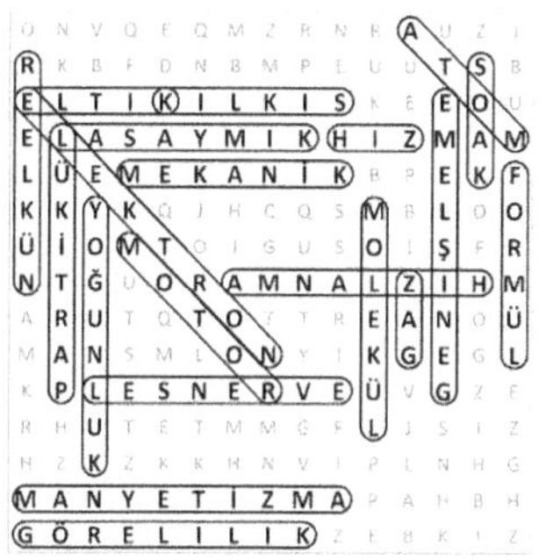

ELTİKİLKİS, LASAYMIK, HIZ, MEKANİK, ORAMNALZIH, PLESNERVE, MANYETİZMA, GÖRELİLİK, FORMÜL

28 - Dance

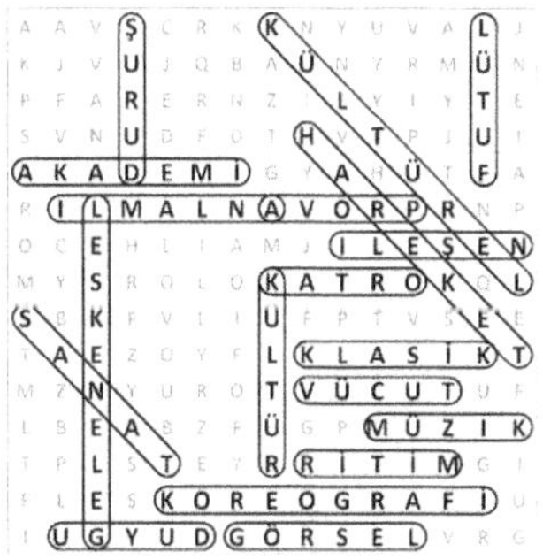

AKADEMİ, İLMALNAVORP, İLEŞEN, KATROK, KLASİK, VÜCUT, MÜZİK, RİTİM, KOREOGRAFİ, UGYUD, GÖRSEL

29 - Shapes

PÜKD, ÜÇGEN, ARK, UAVO, TUMARİP, DİKDÖRTGEN

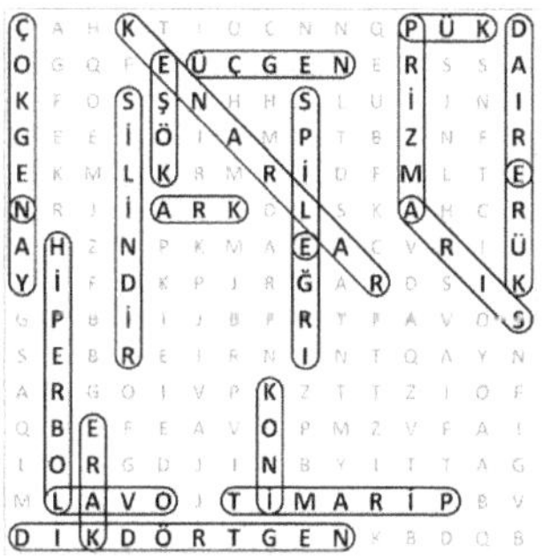

30 - Scientific Disciplines

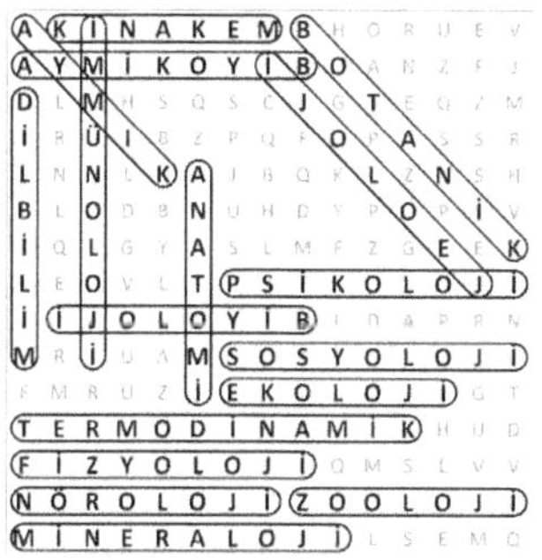

AKINAKEM, AYMİKOY, PSİKOLOJİ, JOLOYİB, SOSYOLOJİ, EKOLOJİ, TERMODİNAMİK, FİZYOLOJİ, NÖROLOJİ, ZOOLOJİ, MİNERALOJİ

31 - Science

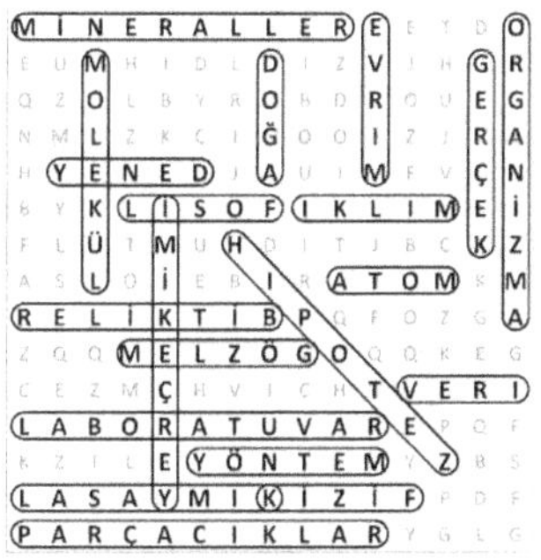

MİNERALLER, YENED, İSOF, İKLİM, ATOM, RELİKTİB, MELZÖGO, VERİ, LABORATUVAR, YÖNTEM, LASAYMİK, İZİF, PARÇACIKLAR, ORGANİZMA

32 - Beauty

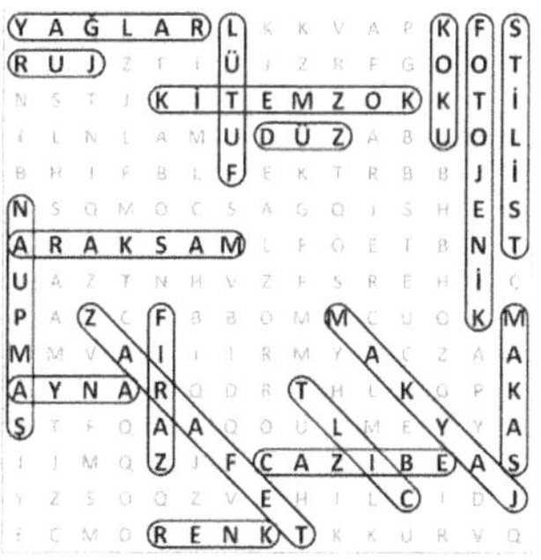

YAĞLAR, RUJ, KİTEMZOK, DÜZ, ARAKSAM, AYNA, CAZİBE, RENK

33 - To Fill

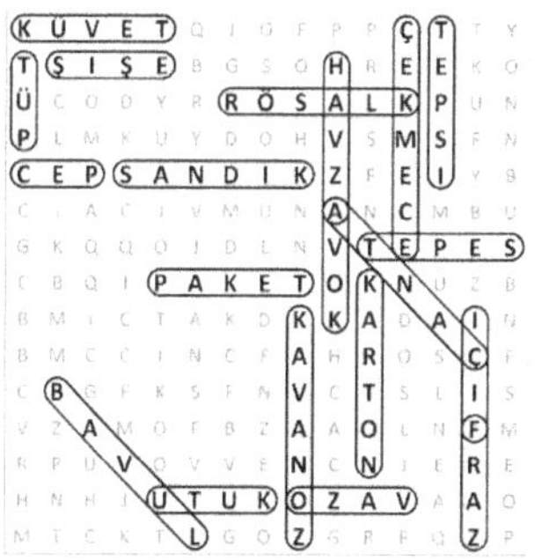

KUVET, ŞİŞE, RÖSALK, CEP, SANDIK, PAKET, TEPES, UTUKOZAV

34 - Clothes

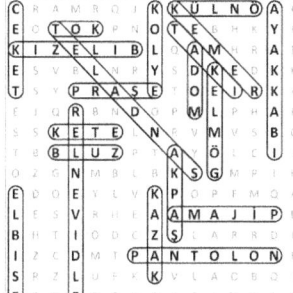

TOK, KÜLNÖ, KİZELİB, PRASE, KETE, BLUZ, AMAJİP, PANTOLON

35 - Ethics

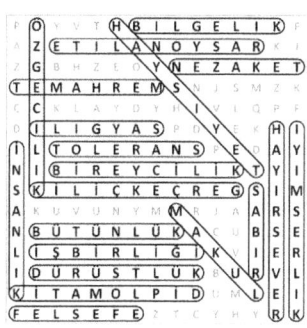

BİLGELİK, ETİLANOYSAR, NEZAKET, TEMAHREM, İLGYAS, TOLERANS, BİREYCİLİK, İLİÇKEÇREG, BÜTÜNLÜK, İŞBİRLİĞİ, DÜRÜSTLÜK, KİTAMOLPİD, FELSEFE

36 - Insects

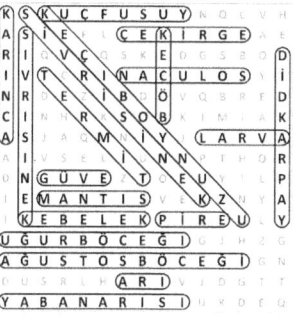

KUÇFUSUY, ÇEKİRGE, TRİNACULOS, LARVA, GÜVE, MANTİS, KEBELEK, PİRE, UĞURBÖCEĞİ, AĞUSTOSBÖCEĞİ, ARI, YABANARISI

37 - Astronomy

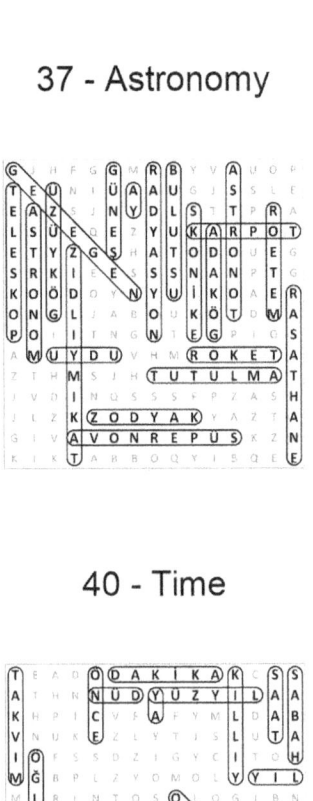

38 - Health and Wellness #2

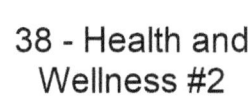
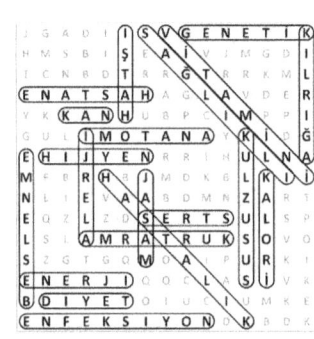

39 - Disease

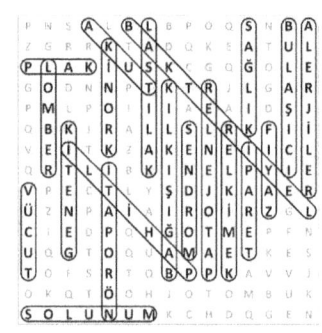

40 - Time

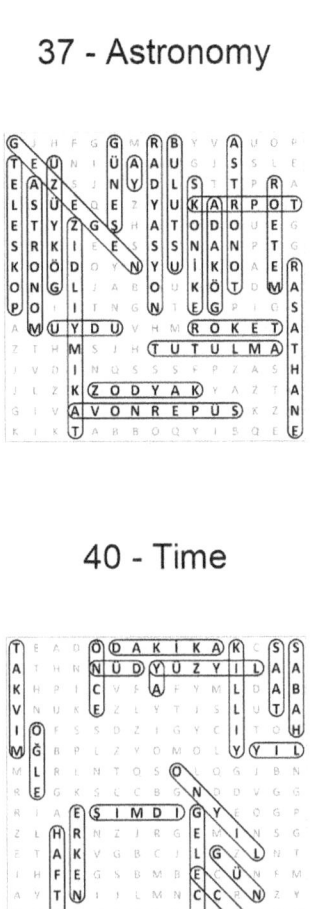

41 - Buildings

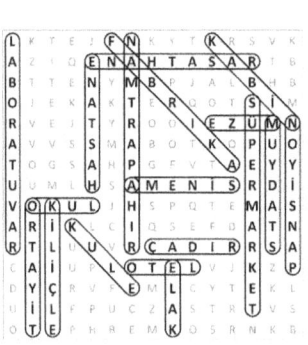

42 - Gardening

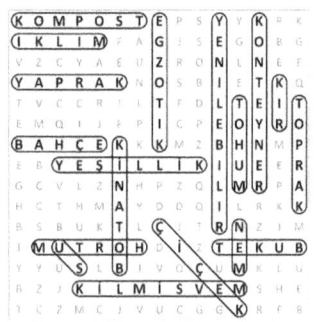

43 - Herbalism

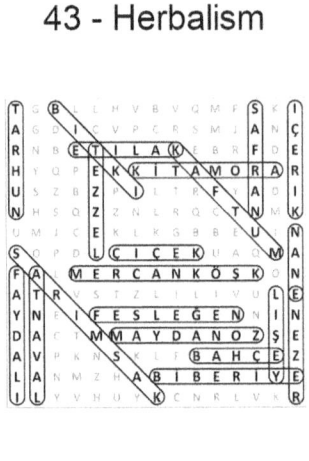

44 - Vehicles

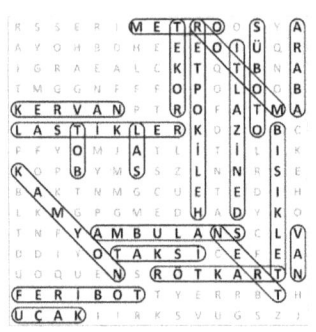

45 - Flowers

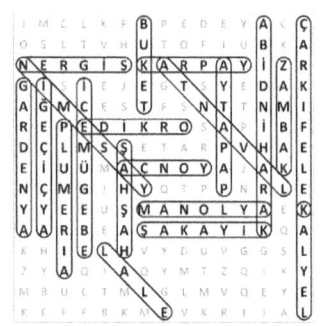

46 - Health and Wellness #1

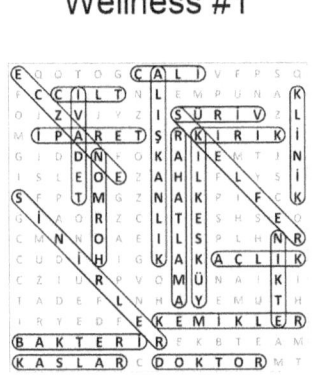

47 - Town

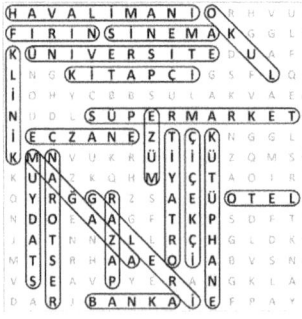

48 - Antarctica

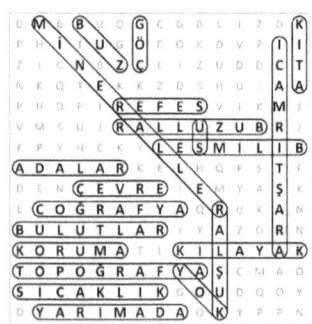

49 - Ballet

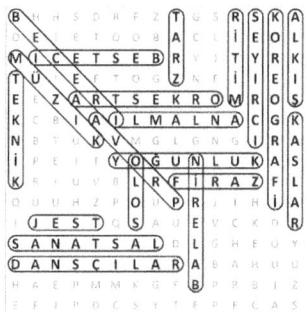

50 - Fashion

51 - Human Body

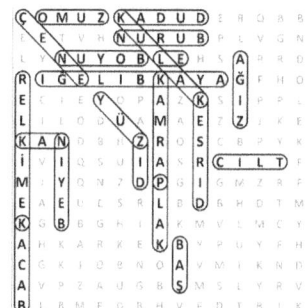

52 - Musical Instruments

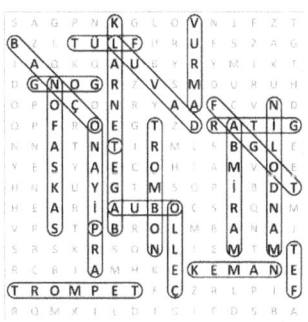

53 - Fruit

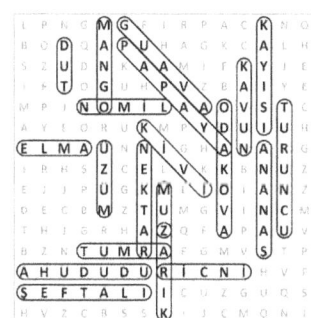

54 - Engineering

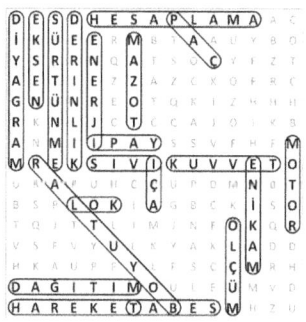

55 - Kitchen

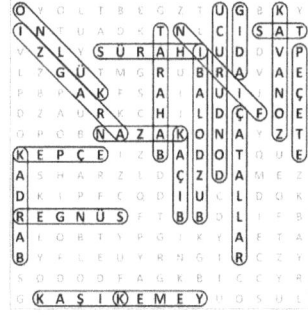

56 - Government

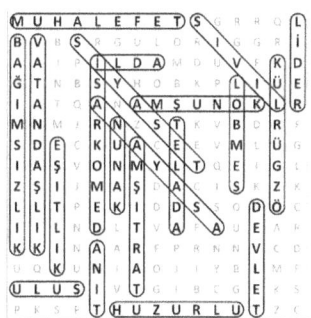

57 - Art Supplies

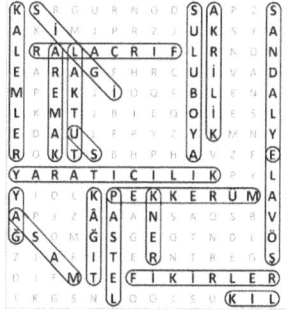

58 - Science Fiction

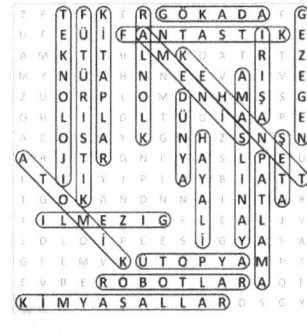

59 - Geometry

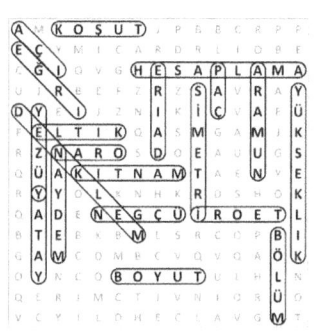

60 - Airplanes

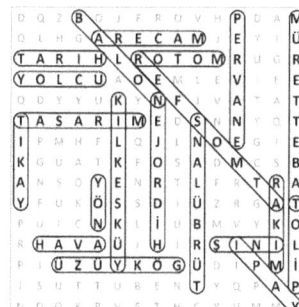

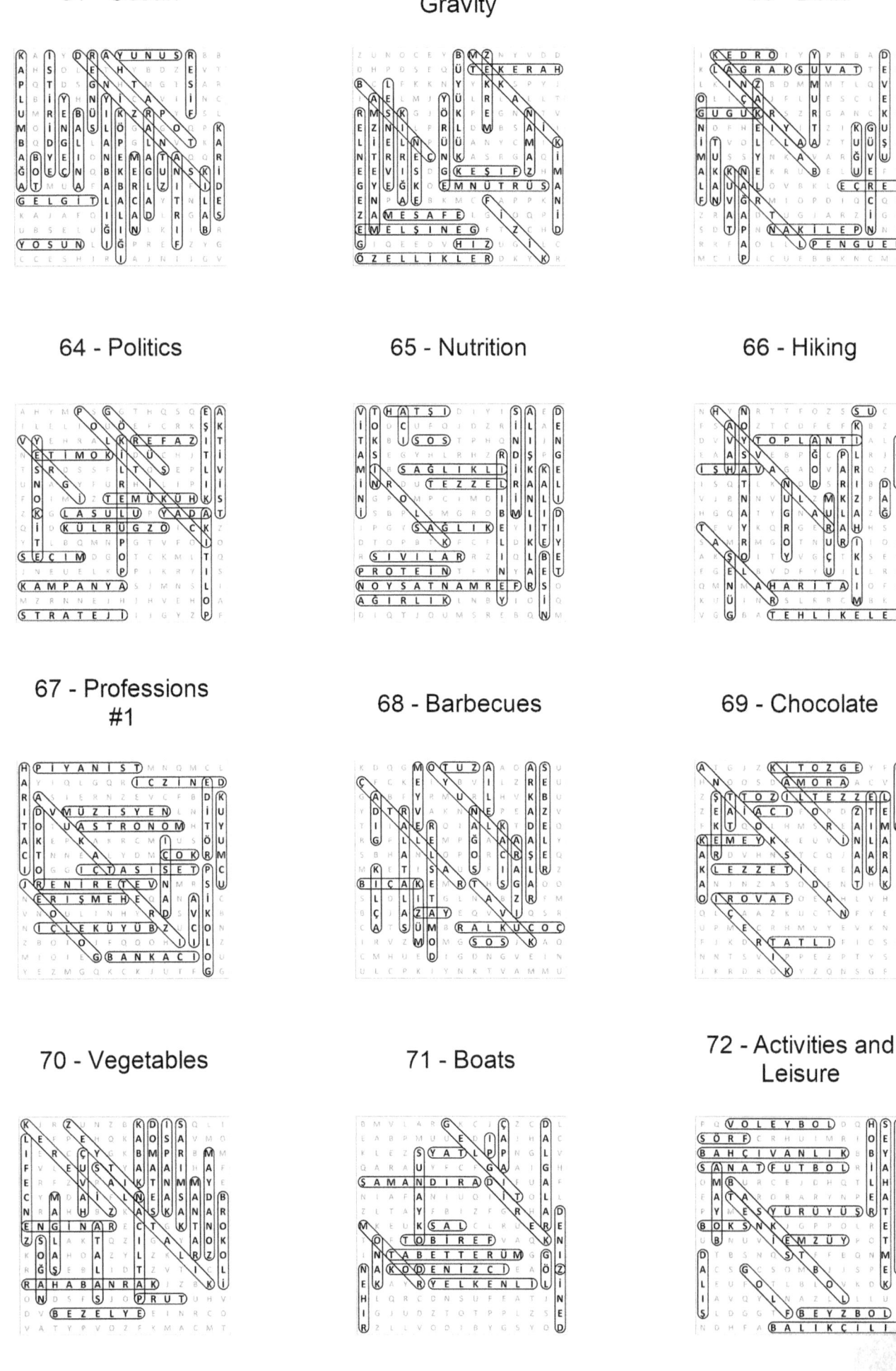

61 - Ocean

62 - Force and Gravity

63 - Birds

64 - Politics

65 - Nutrition

66 - Hiking

67 - Professions #1

68 - Barbecues

69 - Chocolate

70 - Vegetables

71 - Boats

72 - Activities and Leisure

73 - Driving

74 - Biology

75 - Professions #2

76 - Emotions

77 - Mythology

78 - Agronomy

79 - Hair Types

80 - Garden

81 - Diplomacy

82 - Countries #1

83 - Adjectives #1

84 - Global Warming

85 - Landscapes

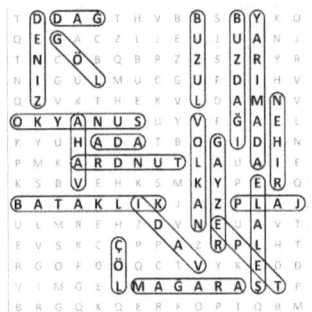

86 - Plants

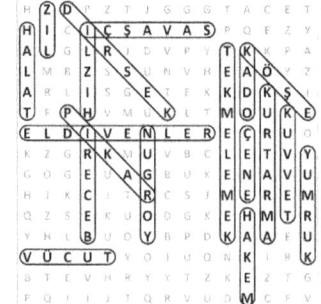

87 - Boxing

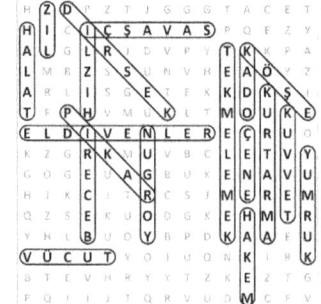

88 - Countries #2

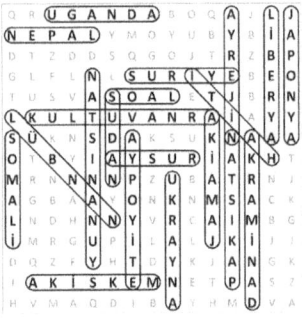

89 - Adjectives #2

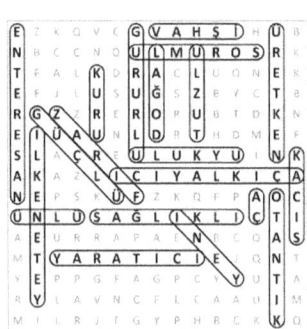

90 - Psychology

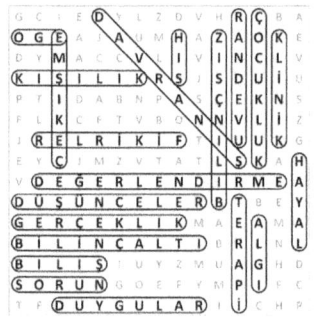

91 - Math

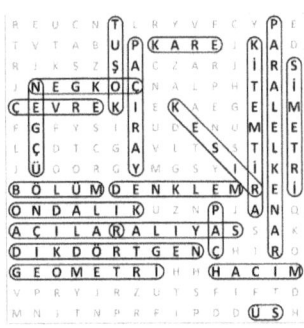

92 - Activities

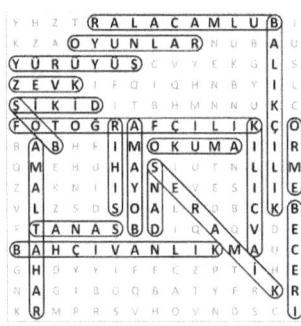

93 - Business

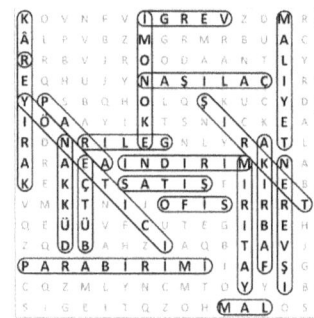

94 - The Company

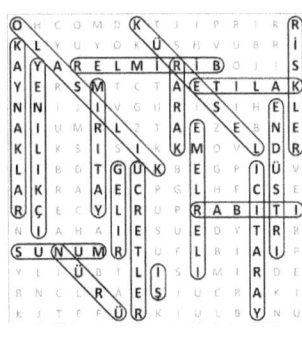

95 - Literature

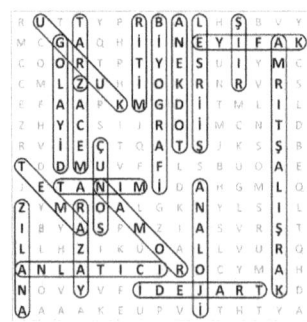

96 - Geography

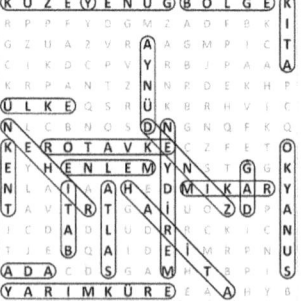

97 - Jazz

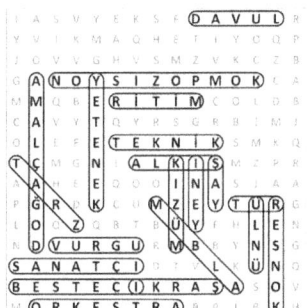

98 - Nature

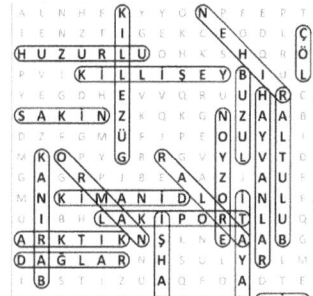

99 - Vacation #2

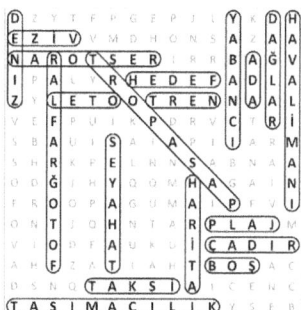

100 - Electricity

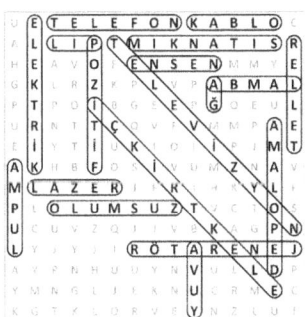

Dictionary

Activities
Etkinlikler

Art	Sanat
Ceramics	Seramik
Dancing	Dans
Fishing	Balikçilik
Games	Oyunlar
Gardening	Bahçivanlik
Hiking	Yürüyüş
Hunting	Avcilik
Knitting	Örme
Leisure	Boş
Magic	Sihir
Painting	Boyama
Photography	Fotoğrafçilik
Pleasure	Zevk
Puzzles	Bulmacalar
Reading	Okuma
Relaxation	Rahatlama
Sewing	Dikiş
Skill	Beceri

Activities and Leisure
Aktiviteler ve boş Zaman

Art	Sanat
Baseball	Beyzbol
Basketball	Basketbol
Boxing	Boks
Diving	Daliş
Fishing	Balikçilik
Gardening	Bahçivanlik
Golf	Golf
Hiking	Yürüyüş
Hobbies	Hobiler
Painting	Boyama
Relaxing	Rahatlatici
Soccer	Futbol
Surfing	Sörf
Swimming	Yüzme
Tennis	Tenis
Travel	Seyahat Etmek
Volleyball	Voleybol

Adjectives #1
Sıfatlar #1

Absolute	Mutlak
Ambitious	Hirsli
Aromatic	Aromatik
Artistic	Sanatsal
Attractive	Çekici
Beautiful	Güzel
Dark	Karanlik
Exotic	Egzotik
Generous	Cömert
Happy	Mutlu
Heavy	Ağir
Helpful	Yararli
Honest	Dürüst
Huge	Kocaman
Identical	Özdeş
Important	Önemli
Modern	Modern
Slow	Yavaş
Thin	Ince
Valuable	Değerli

Adjectives #2
Sıfatlar #2

Authentic	Otantik
Creative	Yaratici
Descriptive	Açiklayici
Dry	Kuru
Elegant	Zarif
Famous	Ünlü
Gifted	Yetenekli
Healthy	Sağlikli
Hot	Sicak
Hungry	Aç
Interesting	Enteresan
Natural	Doğal
New	Yeni
Productive	Üretken
Proud	Gururlu
Responsible	Sorumlu
Salty	Tuzlu
Sleepy	Uykulu
Strong	Güçlü
Wild	Vahşi

Adventure
Macera

Beauty	Güzellik
Bravery	Cesaret
Challenges	Zorluklar
Chance	Şans
Dangerous	Tehlikeli
Destination	Hedef
Difficulty	Zorluk
Enthusiasm	Heves
Excursion	Gezi
Friends	Arkadaşlar
Itinerary	Güzergah
Joy	Sevinç
Nature	Doğa
Navigation	Sefer
New	Yeni
Opportunity	Firsat
Preparation	Hazirlik
Safety	Emniyet
Surprising	Şaşirtici
Unusual	Olağan Dişi

Agronomy
Tarım

Agriculture	Tarim
Diseases	Hastaliklar
Ecology	Ekoloji
Energy	Enerji
Environment	Çevre
Erosion	Erozyon
Fertilizer	Gübre
Food	Gida
Growth	Büyüme
Organic	Organik
Plants	Bitkiler
Pollution	Kirlilik
Production	Yapim
Research	Araştirma
Rural	Kirsal
Science	Bilim
Seeds	Tohum
Study	Okumak
Vegetables	Sebzeler
Water	Su

Airplanes
Uçaklar

Adventure	Macera
Air	Hava
Altitude	Rakim
Atmosphere	Atmosfer
Balloon	Balon
Construction	Yapi
Crew	Mürettebat
Descent	İniş
Design	Tasarim
Direction	Yön
Engine	Motor
Fuel	Yakit
Height	Yükseklik
History	Tarih
Hydrogen	Hidrojen
Passenger	Yolcu
Pilot	Pilot
Propellers	Pervane
Sky	Gökyüzü
Turbulence	Türbülans

Algebra
Cebir

Addition	Ek
Diagram	Diyagram
Division	Bölüm
Equation	Denklem
Exponent	Üs
Factor	Faktör
False	Yanliş
Formula	Formül
Fraction	Kesir
Infinite	Sonsuz
Linear	Doğrusal
Matrix	Matris
Number	Numara
Parenthesis	Parantez
Problem	Sorun
Simplify	Basitleştir
Solution	Çözüm
Subtraction	Çikarma
Variable	Değişken
Zero	Sifir

Antarctica
Antarktika

Bay	Koy
Birds	Kuşlar
Clouds	Bulutlar
Conservation	Koruma
Continent	Kita
Environment	Çevre
Expedition	Sefer
Geography	Coğrafya
Glaciers	Buzullar
Ice	Buz
Islands	Adalar
Migration	Göç
Minerals	Mineraller
Peninsula	Yarimada
Researcher	Araştirmaci
Rocky	Kayalik
Scientific	Bilimsel
Temperature	Sicaklik
Topography	Topoğrafya
Water	Su

Antiques
Antikacılar

Art	Sanat
Authentic	Otantik
Century	Yüzyil
Coins	Sikke
Condition	Şart
Decorative	Dekoratif
Elegant	Zarif
Furniture	Mobilya
Gallery	Galeri
Investment	Yatirim
Jewelry	Taki
Old	Yaş
Price	Fiyat
Quality	Kalite
Restoration	Restorasyon
Sculpture	Heykel
Style	Tarz
Unusual	Olağan Dişi
Value	Değer

Archeology
Arkeoloji

Analysis	Analiz
Bones	Kemikler
Civilization	Medeniyet
Descendant	Dol
Era	Çağ
Evaluation	Değerlendirme
Expert	Uzman
Forgotten	Unutulmuş
Fossil	Fosil
Fragments	Parça
Mystery	Gizem
Objects	Nesne
Professor	Profesör
Relic	Kalinti
Researcher	Araştirmaci
Team	Takim
Temple	Tapinak
Tomb	Mezar
Unknown	Bilinmeyen

Art Supplies
Sanat Malzemeleri

Acrylic	Akrilik
Brushes	Firçalar
Camera	Kamera
Chair	Sandalye
Clay	Kil
Colors	Renk
Creativity	Yaraticilik
Easel	Şövale
Eraser	Silgi
Glue	Tutkal
Ideas	Fikirler
Ink	Mürekkep
Oil	Yağ
Paper	Kâğit
Pastels	Pastel
Pencils	Kalemler
Table	Masa
Water	Su
Watercolors	Suluboya

Astronomy
Astronomi

Astronaut	Astronot
Astronomer	Astronom
Constellation	Takimyildiz
Earth	Toprak
Eclipse	Tutulma
Equinox	Ekinoks
Galaxy	Gökada
Meteor	Meteor
Moon	Ay
Nebula	Bulutsu
Observatory	Rasathane
Planet	Gezegen
Radiation	Radyasyon
Rocket	Roket
Satellite	Uydu
Sky	Gökyüzü
Solar	Güneş
Supernova	Süpernova
Telescope	Teleskop
Zodiac	Zodyak

Ballet
Bale

Applause	Alkiş
Artistic	Sanatsal
Audience	Seyirci
Ballerina	Balerin
Choreography	Koreografi
Composer	Besteci
Dancers	Dansçilar
Expressive	Anlamli
Gesture	Jest
Graceful	Zarif
Intensity	Yoğunluk
Muscles	Kaslar
Music	Müzik
Orchestra	Orkestra
Rehearsal	Prova
Rhythm	Ritim
Skill	Beceri
Solo	Solo
Style	Tarz
Technique	Teknik

Barbecues
Barbeküler

Chicken	Tavuk
Children	Çocuklar
Family	Aile
Food	Gida
Forks	Çatallar
Friends	Arkadaşlar
Fruit	Meyve
Games	Oyunlar
Grill	Izgara
Hot	Sicak
Hunger	Açlik
Knives	Biçak
Music	Müzik
Onions	Soğan
Salads	Salatalar
Salt	Tuz
Sauce	Sos
Summer	Yaz
Tomatoes	Domatesler
Vegetables	Sebzeler

Beauty
Güzellik

Charm	Cazibe
Color	Renk
Cosmetics	Kozmetik
Elegance	Zarafet
Elegant	Zarif
Fragrance	Koku
Grace	Lütuf
Lipstick	Ruj
Makeup	Makyaj
Mascara	Maskara
Mirror	Ayna
Oils	Yağlar
Photogenic	Fotojenik
Scissors	Makas
Shampoo	Şampuan
Skin	Cilt
Smooth	Düz
Stylist	Stilist

Bees
Arılar

Beneficial	Faydali
Blossom	Çiçek
Diversity	Çeşitlilik
Ecosystem	Ekosistem
Flowers	Çiçekler
Food	Gida
Fruit	Meyve
Garden	Bahçe
Hive	Kovan
Honey	Bal
Insect	Böcek
Plants	Bitkiler
Pollen	Polen
Pollinator	Tozlayici
Queen	Kraliçe
Smoke	Duman
Sun	Güneş
Swarm	Sürü
Wax	Balmumu
Wings	Kanatlar

Biology
Biyoloji

Anatomy	Anatomi
Bacteria	Bakteri
Cell	Hücre
Chromosome	Kromozom
Collagen	Kolajen
Embryo	Embriyo
Enzyme	Enzim
Evolution	Evrim
Hormone	Hormon
Mammal	Memeli
Mutation	Mutasyon
Natural	Doğal
Nerve	Sinir
Neuron	Nöron
Osmosis	Ozmos
Photosynthesis	Fotosentez
Protein	Protein
Reptile	Sürüngen
Symbiosis	Symbiosis
Synapse	Sinaps

Birds
Kuşlar

Canary	Kanarya
Chicken	Tavuk
Crow	Karga
Cuckoo	Guguk
Dove	Güvercin
Duck	Ördek
Eagle	Kartal
Egg	Yumurta
Flamingo	Flamingo
Goose	Kaz
Heron	Balikçil
Ostrich	Devekuşu
Parrot	Papağan
Peacock	Tavus
Pelican	Pelikan
Penguin	Penguen
Sparrow	Serçe
Stork	Leylek
Swan	Kuğu
Toucan	Tukan

Boats
Tekneler

Anchor	Çapa
Buoy	Şamandira
Canoe	Kano
Crew	Mürettebat
Dock	Dok
Engine	Motor
Ferry	Feribot
Lake	Göl
Mast	Direk
Nautical	Deniz
Ocean	Okyanus
Raft	Sal
River	Nehir
Rope	Ip
Sailboat	Yelkenli
Sailor	Denizci
Sea	Deniz
Tide	Gelgit
Waves	Dalgalar
Yacht	Yat

Books
Kitaplar

Adventure	Macera
Author	Yazar
Collection	Koleksiyon
Context	Bağlam
Duality	İkilik
Epic	Destan
Historical	Tarih
Humorous	Mizahi
Inventive	Yaratici
Literary	Edebî
Narrator	Anlatici
Novel	Roman
Page	Sayfa
Poetry	Şiir
Reader	Okuyucu
Relevant	İlgili
Series	Dizi
Story	Öykü
Tragic	Trajik
Written	Yazili

Boxing
Kutulama

Bell	Zil
Body	Vücut
Chin	Çene
Corner	Köşe
Elbow	Dirsek
Exhausted	Yorgun
Fighter	Savaşçi
Fist	Yumruk
Focus	Odak
Gloves	Eldivenler
Kick	Tekmelemek
Opponent	Rakip
Quick	Hizli
Recovery	Kurtarma
Referee	Hakem
Ropes	Halat
Skill	Beceri
Strength	Kuvvet

Buildings
Site

Apartment	Apartman
Barn	Ahir
Cabin	Kabin
Castle	Kale
Cinema	Sinema
Embassy	Elçilik
Factory	Fabrika
Hospital	Hastane
Hostel	Pansiyon
Hotel	Otel
Laboratory	Laboratuvar
Museum	Müze
Observatory	Rasathane
School	Okul
Stadium	Stadyum
Supermarket	Süpermarket
Tent	Çadir
Theater	Tiyatro
Tower	Kule
University	Üniversite

Business
İşletme

Budget	Bütçe
Career	Kariyer
Company	Şirket
Cost	Maliyet
Currency	Para Birimi
Discount	Indirim
Economics	Ekonomi
Employee	Çalişan
Employer	Işveren
Factory	Fabrika
Income	Gelir
Investment	Yatirim
Manager	Yönetici
Merchandise	Mal
Money	Para
Office	Ofis
Profit	Kâr
Sale	Satiş
Shop	Dükkan
Taxes	Vergi

Camping
Kamp Yapmak

Adventure	Macera
Animals	Hayvanlar
Cabin	Kabin
Canoe	Kano
Compass	Pusula
Fire	Ateş
Forest	Orman
Fun	Eğlence
Hammock	Hamak
Hat	Şapka
Hunting	Avcilik
Insect	Böcek
Lake	Göl
Map	Harita
Moon	Ay
Mountain	Dağ
Nature	Doğa
Rope	Ip
Tent	Çadir
Trees	Ağaçlar

Chemistry
Kimya

Acid	Asit
Alkaline	Alkali
Atomic	Atomik
Carbon	Karbon
Catalyst	Katalizör
Chlorine	Klor
Electron	Elektron
Enzyme	Enzim
Gas	Gaz
Heat	Isi
Hydrogen	Hidrojen
Ion	İyon
Liquid	Sivi
Molecule	Molekül
Nuclear	Nükleer
Organic	Organik
Oxygen	Oksijen
Salt	Tuz
Temperature	Sicaklik
Weight	Ağirlik

Chess
Satranç

Black	Siyah
Challenges	Zorluklar
Champion	Şampiyon
Contest	Yarişma
Diagonal	Çapraz
Game	Oyun
King	Kral
Opponent	Rakip
Passive	Pasif
Player	Oyuncu
Queen	Kraliçe
Rules	Tüzük
Sacrifice	Kurban
Strategy	Strateji
Time	Zaman
To Learn	Öğrenmek
Tournament	Turnuva
White	Beyaz

Chocolate
Çikolatalı

Antioxidant	Antioksidan
Aroma	Aroma
Artisanal	Zanaat
Bitter	Aci
Cacao	Kakao
Calories	Kalori
Caramel	Karamel
Craving	Özlem
Delicious	Lezzetli
Exotic	Egzotik
Favorite	Favori
Flavor	Lezzet
Ingredient	Içerik
Powder	Toz
Quality	Kalite
Sugar	Şeker
Sweet	Tatli
Taste	Tat
To Eat	Yemek

Clothes
Giyim

Apron	Önlük
Belt	Kemer
Blouse	Bluz
Bracelet	Bilezik
Dress	Elbise
Fashion	Moda
Gloves	Eldivenler
Hat	Şapka
Jacket	Ceket
Jeans	Kot
Jewelry	Taki
Necklace	Kolye
Pajamas	Pijama
Pants	Pantolon
Sandals	Sandalet
Scarf	Eşarp
Shirt	Gömlek
Shoe	Ayakkabi
Skirt	Etek
Sweater	Kazak

Countries #1
Ülkeler #1

Brazil	Brezilya
Canada	Kanada
Egypt	Misir
Finland	Finlandiya
Germany	Almanya
Iraq	Irak
Israel	İsrail
Italy	İtalya
Latvia	Letonya
Libya	Libya
Morocco	Fas
Nicaragua	Nikaragua
Norway	Norveç
Panama	Panama
Poland	Polonya
Romania	Romanya
Senegal	Senegal
Spain	İspanya
Venezuela	Venezuela
Vietnam	Vietnam

Countries #2
Ülkeler #2

Albania	Arnavutluk
Denmark	Danimarka
Ethiopia	Etiyopya
Greece	Yunanistan
Haiti	Haiti
Jamaica	Jamaika
Japan	Japonya
Laos	Laos
Lebanon	Lübnan
Liberia	Liberya
Mexico	Meksika
Nepal	Nepal
Nigeria	Nijerya
Pakistan	Pakistan
Russia	Rusya
Somalia	Somali
Sudan	Sudan
Syria	Suriye
Uganda	Uganda
Ukraine	Ukrayna

Dance
Dans

Academy	Akademi
Art	Sanat
Body	Vücut
Choreography	Koreografi
Classical	Klasik
Cultural	Kültürel
Culture	Kültür
Emotion	Duygu
Expressive	Anlamli
Grace	Lütuf
Joyful	Neşeli
Movement	Hareket
Music	Müzik
Partner	Ortak
Posture	Duruş
Rehearsal	Prova
Rhythm	Ritim
Traditional	Geleneksel
Visual	Görsel

Days and Months
Günler ve Aylar

April	Nisan
August	Ağustos
Calendar	Takvim
February	Şubat
Friday	Cuma
January	Ocak
July	Temmuz
March	Mart
Monday	Pazartesi
Month	Ay
November	Kasim
October	Ekim
Saturday	Cumartesi
September	Eylül
Sunday	Pazar
Thursday	Perşembe
Tuesday	Sali
Wednesday	Çarşamba
Week	Hafta
Year	Yil

Diplomacy
Diplomasi

Adviser	Danişman
Ambassador	Büyükelçi
Citizens	Vatandaşlar
Community	Topluluk
Conflict	Çekişme
Cooperation	İşbirliği
Diplomatic	Diplomatik
Discussion	Tartişma
Embassy	Elçilik
Ethics	Etik
Foreign	Yabanci
Government	Hükümet
Humanitarian	İnsani
Integrity	Bütünlük
Justice	Adalet
Languages	Diller
Politics	Siyaset
Security	Güvenlik
Solution	Çözüm
Treaty	Antlaşma

Disease
Hastalık

Acute	Akut
Allergies	Alerjiler
Bacterial	Bakteriyel
Body	Vücul
Bones	Kemikler
Chronic	Kronik
Contagious	Bulaşici
Genetic	Genetik
Health	Sağlik
Heart	Kalp
Hereditary	Kalitsal
Immunity	Bağişiklik
Inflammation	İltihap
Lumbar	Lomber
Neuropathy	Nöropati
Pathogens	Patojenler
Respiratory	Solunum
Syndrome	Sendrom
Therapy	Terapi
Weak	Zayif

Driving
Sürüş

Accident	Kaza
Brakes	Frenler
Car	Araba
Danger	Tehlike
Driver	Sürücü
Fuel	Yakit
Garage	Garaj
Gas	Gaz
License	Lisans
Map	Harita
Motor	Motor
Motorcycle	Motosiklet
Pedestrian	Yaya
Police	Polis
Road	Yol
Safety	Emniyet
Speed	Hiz
Traffic	Trafik
Truck	Kamyon
Tunnel	Tünel

Electricity
Elektrik

Battery	Pil
Bulb	Ampul
Cable	Kablo
Electric	Elektrik
Electrician	Elektrikçi
Generator	Jeneratör
Lamp	Lamba
Laser	Lazer
Magnet	Miknatis
Negative	Olumsuz
Network	Ağ
Objects	Nesne
Positive	Pozitif
Socket	Yuva
Storage	Depolama
Telephone	Telefon
Television	Televizyon
Wires	Teller

Emotions
Duygular

Anger	Öfke
Bliss	Mutluluk
Boredom	Sikinti
Calm	Sakin
Excited	Heyecanli
Fear	Korku
Grateful	Minnettar
Joy	Sevinç
Kindness	Nezaket
Love	Aşk
Peace	Bariş
Relaxed	Rahat
Relief	Rahatlama
Sadness	Üzüntü
Satisfied	Memnun
Surprise	Sürpriz
Sympathy	Sempati
Tenderness	Hassasiyet
Tranquility	Huzur

Energy
Enerji

Battery	Pil
Carbon	Karbon
Diesel	Mazot
Electric	Elektrik
Electron	Elektron
Entropy	Entropi
Environment	Çevre
Fuel	Yakit
Gasoline	Benzin
Heat	Isi
Hydrogen	Hidrojen
Industry	Endüstri
Motor	Motor
Nuclear	Nükleer
Photon	Foton
Pollution	Kirlilik
Renewable	Yenilenebilir
Steam	Buhar
Turbine	Türbin
Wind	Rüzgar

Engineering
Mühendislik

Angle	Açi
Axis	Eksen
Calculation	Hesaplama
Depth	Derinlik
Diagram	Diyagram
Diameter	Çap
Diesel	Mazot
Dimensions	Boyutlar
Distribution	Dağitim
Energy	Enerji
Friction	Sürtünme
Levers	Kol
Liquid	Sivi
Machine	Makine
Measurement	Ölçüm
Motion	Hareket
Motor	Motor
Stability	Sebat
Strength	Kuvvet
Structure	Yapi

Ethics
Etik

Altruism	Özgecilik
Benevolent	Hayirsever
Compassion	Merhamet
Cooperation	İşbirliği
Dignity	Haysiyet
Diplomatic	Diplomatik
Honesty	Dürüstlük
Humanity	İnsanlik
Individualism	Bireycilik
Integrity	Bütünlük
Kindness	Nezaket
Optimism	Iyimserlik
Patience	Sabir
Philosophy	Felsefe
Rationality	Rasyonalite
Realism	Gerçekçilik
Reasonable	Makul
Respectful	Saygili
Tolerance	Tolerans
Wisdom	Bilgelik

Family
Aile

Ancestor	Ata
Aunt	Teyze
Brother	Erkek Kardeş
Child	Çocuk
Childhood	Çocukluk
Children	Çocuklar
Cousin	Kuzen
Daughter	Kiz Evlat
Grandchild	Torun
Grandfather	Büyük Baba
Grandmother	Büyükanne
Grandson	Erkek Torun
Husband	Koca
Mother	Anne
Nephew	Erkek Yeğen
Niece	Yeğen
Paternal	Baba
Sister	Kiz Kardeş
Uncle	Amca
Wife	Kadin Eş

Farm #1
Çiftlik #1

Agriculture	Tarim
Bee	Ari
Bison	Bizon
Calf	Buzaği
Cat	Kedi
Chicken	Tavuk
Cow	İnek
Crow	Karga
Dog	Köpek
Donkey	Eşek
Fence	Çit
Fertilizer	Gübre
Field	Alan
Goat	Keçi
Hay	Saman
Honey	Bal
Horse	At
Rice	Pirinç
Seeds	Tohum
Water	Su

Farm #2
Çiftlik #2

Animals	Hayvanlar
Barley	Arpa
Barn	Ahir
Corn	Misir
Duck	Ördek
Farmer	Çiftçi
Food	Gida
Fruit	Meyve
Irrigation	Sulama
Lamb	Kuzu
Llama	Lama
Meadow	Çayir
Milk	Süt
Orchard	Bahçe
Sheep	Koyun
Shepherd	Çoban
To Grow	Büyümek
Tractor	Traktör
Vegetable	Sebze
Wheat	Buğday

Fashion
Moda

Boutique	Butik
Buttons	Düğme
Comfortable	Rahat
Elegant	Zarif
Embroidery	Nakiş
Expensive	Pahali
Fabric	Kumaş
Lace	Dantel
Measurements	Ölçüm
Minimalist	Minimalist
Modern	Modern
Modest	Mütevazi
Original	Asil
Pattern	Desen
Practical	Pratik
Style	Tarz
Texture	Doku
Trend	Akim

Flowers
Çiçekler

Bouquet	Buket
Clover	Yonca
Daffodil	Nergis
Daisy	Papatya
Dandelion	Karahindiba
Gardenia	Gardenya
Hibiscus	Ebegümeci
Jasmine	Yasemin
Lavender	Lavanta
Lilac	Leylak
Lily	Zambak
Magnolia	Manolya
Orchid	Orkide
Passionflower	Çarkifelek
Peony	Şakayik
Petal	Yaprak
Plumeria	Plumeria
Poppy	Haşhaş
Sunflower	Ayçiçeği
Tulip	Lale

Food #1
Yemek #1

Apricot	Kayisi
Barley	Arpa
Basil	Fesleğen
Carrot	Havuç
Cinnamon	Tarçin
Garlic	Sarimsak
Juice	Meyve Suyu
Lemon	Limon
Milk	Süt
Onion	Soğan
Peanut	Fistik
Pear	Armut
Salad	Salata
Salt	Tuz
Soup	Çorba
Spinach	Ispanak
Strawberry	Çilek
Sugar	Şeker
Tuna	Balik
Turnip	Şalgam

Food #2
Yemek #2

Apple	Elma
Artichoke	Enginar
Banana	Muz
Broccoli	Brokoli
Celery	Kereviz
Cheese	Peynir
Cherry	Kiraz
Chicken	Tavuk
Chocolate	Çikolata
Egg	Yumurta
Eggplant	Patlican
Fish	Balik
Grape	Üzüm
Ham	Jambon
Kiwi	Kivi
Mushroom	Mantar
Rice	Pirinç
Tomato	Domates
Wheat	Buğday
Yogurt	Yoğurt

Force and Gravity
Kuvvet ve Yerçekimi

Axis	Eksen
Center	Merkez
Discovery	Keşif
Distance	Mesafe
Dynamic	Dinamik
Expansion	Genişleme
Friction	Sürtünme
Magnetism	Manyetizma
Magnitude	Büyüklük
Mechanics	Mekanik
Motion	Hareket
Orbit	Yörünge
Physics	Fizik
Planets	Gezegenler
Pressure	Basınç
Properties	Özellikler
Speed	Hız
Time	Zaman
Universal	Evrensel
Weight	Ağirlik

Fruit
Meyve

Apple	Elma
Apricot	Kayisi
Avocado	Avokado
Banana	Muz
Berry	Dut
Cherry	Kiraz
Fig	İncir
Grape	Üzüm
Guava	Guava
Kiwi	Kivi
Lemon	Limon
Mango	Mango
Melon	Kavun
Nectarine	Nektar
Orange	Turuncu
Papaya	Papaya
Peach	Şeftali
Pear	Armut
Pineapple	Ananas
Raspberry	Ahududu

Garden
Bahçe

Bench	Bank
Bush	Çali
Fence	Çit
Flower	Çiçek
Garage	Garaj
Garden	Bahçe
Grass	Çimen
Hammock	Hamak
Hose	Hortum
Pond	Gölet
Porch	Veranda
Rake	Tirmik
Shovel	Kürek
Soil	Toprak
Terrace	Teras
Trampoline	Trambolin
Tree	Ağaç
Vine	Asma
Weeds	Otlar

Gardening
Bahçıvanlık

Botanical	Botanik
Bouquet	Buket
Climate	Iklim
Compost	Kompost
Container	Konteyner
Dirt	Kir
Edible	Yenilebilir
Exotic	Egzotik
Floral	Çiçek
Foliage	Yeşillik
Hose	Hortum
Leaf	Yaprak
Moisture	Nem
Orchard	Bahçe
Seasonal	Mevsimlik
Seeds	Tohum
Soil	Toprak
Water	Su

Geography
Coğrafya

Altitude	Rakim
Atlas	Atlas
City	Kent
Continent	Kita
Country	Ülke
Equator	Ekvator
Hemisphere	Yarimküre
Island	Ada
Latitude	Enlem
Map	Harita
Meridian	Meridyen
Mountain	Dağ
North	Kuzey
Ocean	Okyanus
River	Nehir
Sea	Deniz
South	Güney
Territory	Bölge
West	Bati
World	Dünya

Geology
Jeoloji

Acid	Asit
Calcium	Kalsiyum
Cavern	Mağara
Continent	Kita
Coral	Mercan
Crystals	Kristaller
Cycles	Döngüler
Earthquake	Deprem
Erosion	Erozyon
Fossil	Fosil
Geyser	Gayzer
Lava	Lav
Layer	Katman
Minerals	Mineraller
Plateau	Yayla
Quartz	Kuvars
Salt	Tuz
Stalactite	Sarkit
Stone	Taş
Volcano	Volkan

Geometry
Geometri

Angle	Açı
Calculation	Hesaplama
Circle	Daire
Curve	Eğri
Diameter	Çap
Dimension	Boyut
Equation	Denklem
Height	Yükseklik
Horizontal	Yatay
Logic	Mantik
Mass	Kitle
Median	Medyan
Number	Numara
Parallel	Koşut
Proportion	Oran
Segment	Bölüm
Surface	Yüzey
Symmetry	Simetri
Theory	Teori
Triangle	Üçgon

Global Warming
Küresel Isınma

Arctic	Arktik
Climate	Iklim
Crisis	Kriz
Data	Veri
Development	Gelişme
Energy	Enerji
Environmental	Çevresel
Future	Gelecek
Gas	Gaz
Generations	Nesiller
Government	Hükümet
Industry	Endüstri
International	Uluslararasi
Legislation	Mevzuat
Now	Şimdi
Populations	Nüfus
Temperatures	Sicakliklar
To Reduce	Azaltmak

Government
Devlet

Citizenship	Vatandaşlik
Civil	Sivil
Constitution	Anayasa
Democracy	Demokrasi
Discussion	Tartişma
Dissent	Muhalefet
Equality	Eşitlik
Independence	Bağimsizlik
Judicial	Adli
Justice	Adalet
Law	Kanun
Leader	Lider
Liberty	Özgürlük
Monument	Anit
Nation	Ulus
Peaceful	Huzurlu
Politics	Siyaset
Speech	Konuşma
State	Devlet
Symbol	Sembol

Hair Types
Saç Tipleri

Bald	Kel
Black	Siyah
Blond	Sarişin
Braided	Örgülü
Braids	Örgü
Brown	Kahverengi
Colored	Renkli
Curly	Kivircik
Dry	Kuru
Gray	Gri
Healthy	Sağlikli
Long	Uzun
Shiny	Parlak
Short	Kisa
Silver	Gümüş
Soft	Yumuşak
Thick	Kalin
Thin	Ince
Wavy	Dalgali
White	Beyaz

Health and Wellness #1
Sağlık ve Zindelik #1

Active	Etkin
Bacteria	Bakteri
Bones	Kemikler
Clinic	Klinik
Doctor	Doktor
Fracture	Kirik
Habit	Alişkanlik
Height	Yükseklik
Hormones	Hormon
Hunger	Açlik
Medicine	İlaç
Muscles	Kaslar
Nerves	Sinirler
Pharmacy	Eczane
Reflex	Refleks
Relaxation	Rahatlama
Skin	Cilt
Therapy	Terapi
Treatment	Tedavi
Virus	Virüs

Health and Wellness #2
Sağlık ve Zindelik #2

Allergy	Alerji
Anatomy	Anatomi
Appetite	Iştah
Blood	Kan
Calorie	Kalori
Dehydration	Susuzluk
Diet	Diyet
Disease	Hastalik
Energy	Enerji
Genetics	Genetik
Healthy	Sağlikli
Hospital	Hastane
Hygiene	Hijyen
Infection	Enfeksiyon
Massage	Masaj
Nutrition	Beslenme
Recovery	Kurtarma
Stress	Stres
Vitamin	Vitamini
Weight	Ağirlik

Herbalism
Bitkicilik

Aromatic	Aromatik
Basil	Fesleğen
Beneficial	Faydali
Culinary	Mutfak
Fennel	Rezene
Flavor	Lezzet
Flower	Çiçek
Garden	Bahçe
Garlic	Sarimsak
Green	Yeşil
Ingredient	Içerik
Lavender	Lavanta
Marjoram	Mercanköşk
Mint	Nane
Parsley	Maydanoz
Plant	Bitki
Quality	Kalite
Rosemary	Biberiye
Saffron	Safran
Tarragon	Tarhun

Hiking
Yürüyüş

Animals	Hayvanlar
Cliff	Uçurum
Climate	Iklim
Hazards	Tehlikeler
Heavy	Ağir
Map	Harita
Mountain	Dağ
Nature	Doğa
Orientation	Oryantasyon
Parks	Parklar
Preparation	Hazirlik
Stones	Taşlar
Summit	Toplanti
Sun	Güneş
Tired	Yorgun
Water	Su
Weather	Hava
Wild	Vahşi

House
Ev

Attic	Çati Kati
Broom	Süpürge
Curtains	Perdeler
Door	Kapi
Fence	Çit
Fireplace	Şömine
Floor	Zemin
Furniture	Mobilya
Garage	Garaj
Garden	Bahçe
Keys	Anahtarlar
Kitchen	Mutfak
Lamp	Lamba
Library	Kütüphane
Mirror	Ayna
Roof	Çati
Room	Oda
Shower	Duş
Wall	Duvar
Window	Pencere

Human Body
İnsan Vücudu

Ankle	Ayak Bileği
Blood	Kan
Bones	Kemikler
Brain	Beyin
Chin	Çene
Ear	Kulak
Elbow	Dirsek
Face	Yüz
Finger	Parmak
Hand	El
Head	Baş
Heart	Kalp
Knee	Diz
Leg	Bacak
Lips	Dudak
Mouth	Ağiz
Neck	Boyun
Nose	Burun
Shoulder	Omuz
Skin	Cilt

Insects
Böcekler

Ant	Karinca
Aphid	Yaprakdid
Bee	Ari
Beetle	Böcek
Butterfly	Kelebek
Cicada	Ağustosböceği
Dragonfly	Yusufçuk
Flea	Pire
Gnat	Sivrisinek
Grasshopper	Çekirge
Ladybug	Uğur Böceği
Larva	Larva
Locust	Keçiboynuzu
Mantis	Mantis
Mosquito	Sivrisinek
Moth	Güve
Termite	Termit
Wasp	Yaban Arisi
Worm	Solucan

Jazz
Cazcı

Album	Albüm
Applause	Alkiş
Artist	Sanatçi
Composer	Besteci
Composition	Kompozisyon
Concert	Konser
Drums	Davul
Emphasis	Vurgu
Famous	Ünlü
Genre	Tür
Improvisation	Doğaçlama
Music	Müzik
New	Yeni
Old	Yaş
Orchestra	Orkestra
Rhythm	Ritim
Song	Şarki
Style	Tarz
Talent	Yetenek
Technique	Teknik

Kitchen
Mutfak

Apron	Önlük
Bowl	Tas
Cups	Bardak
Food	Gida
Forks	Çatallar
Freezer	Dondurucu
Grill	Izgara
Jar	Kavanoz
Jug	Sürahi
Kettle	Kazan
Knives	Biçak
Ladle	Kepçe
Napkin	Peçete
Oven	Firin
Refrigerator	Buzdolabi
Spices	Baharat
Sponge	Sünger
Spoons	Kaşik
To Eat	Yemek

Landscapes
Manzaralar

Beach	Plaj
Cave	Mağara
Desert	Çöl
Geyser	Gayzer
Glacier	Buzul
Hill	Tepe
Iceberg	Buzdaği
Island	Ada
Lake	Göl
Mountain	Dağ
Oasis	Vaha
Ocean	Okyanus
Peninsula	Yarimada
River	Nehir
Sea	Deniz
Swamp	Bataklik
Tundra	Tundra
Valley	Vadi
Volcano	Volkan
Waterfall	Şolale

Literature
Edebiyat

Analogy	Analoji
Analysis	Analiz
Anecdote	Anekdot
Author	Yazar
Biography	Biyografi
Comparison	Karşilaştirma
Conclusion	Sonuç
Description	Tanim
Dialogue	Diyalog
Fiction	Kurgu
Metaphor	Mecaz
Narrator	Anlatici
Novel	Roman
Poem	Şiir
Poetic	Şiirsel
Rhyme	Kafiye
Rhythm	Ritim
Style	Tarz
Theme	Tema
Tragedy	Trajedi

Mammals
Memeliler

Bear	Ayi
Beaver	Kunduz
Bull	Boğa
Cat	Kedi
Coyote	Çakal
Dog	Köpek
Dolphin	Yunus
Elephant	Fil
Fox	Tilki
Giraffe	Zürafa
Gorilla	Goril
Horse	At
Kangaroo	Kanguru
Lion	Aslan
Monkey	Maymun
Rabbit	Tavşan
Sheep	Koyun
Whale	Balina
Wolf	Kurt
Zebra	Zebra

Math
Matematik

Angles	Açilar
Arithmetic	Aritmetik
Decimal	Ondalik
Diameter	Çap
Division	Bölüm
Equation	Denklem
Exponent	Üs
Fraction	Kesir
Geometry	Geometri
Numbers	Sayilar
Parallel	Koşut
Parallelogram	Paralelkenar
Perimeter	Çevre
Polygon	Çokgen
Radius	Yariçap
Rectangle	Dikdörtgen
Square	Kare
Symmetry	Simetri
Triangle	Üçgen
Volume	Hacim

Measurements
Ölçümler

Byte	Bayt
Centimeter	Santimetre
Decimal	Ondalik
Degree	Derece
Depth	Derinlik
Gram	Gram
Height	Yükseklik
Inch	İnç
Kilogram	Kilogram
Kilometer	Kilometre
Length	Uzunluk
Liter	Litre
Mass	Kitle
Meter	Metre
Minute	Dakika
Ounce	Ons
Ton	Ton
Volume	Hacim
Weight	Ağirlik
Width	Genişlik

Meditation
Meditasyon

Acceptance	Kabul
Awake	Uyanik
Breathing	Nefes Alma
Calm	Sakin
Clarity	Açiklik
Compassion	Merhamet
Emotions	Duygular
Gratitude	Minnettarlik
Habits	Alişkanliklar
Kindness	Nezaket
Mental	Zihinsel
Mind	Akil
Movement	Hareket
Music	Müzik
Nature	Doğa
Peace	Bariş
Perspective	Perspektif
Silence	Sessizlik
Thoughts	Düşünceler
To Learn	Öğrenmek

Music
Müzik

Album	Albüm
Chorus	Koro
Classical	Klasik
Eclectic	Eklektik
Harmonic	Harmonik
Harmony	Ahenk
Instrument	Enstrüman
Lyrical	Lirik
Melody	Melodi
Microphone	Mikrofon
Musical	Müzikal
Musician	Müzisyen
Opera	Opera
Poetic	Şiirsel
Recording	Kayit
Rhythm	Ritim
Rhythmic	Ritmik
Singer	Şarkici
Tempo	Tempo
Vocal	Vokal

Musical Instruments
Enstrüman

Banjo	Banço
Bassoon	Fagot
Cello	Çello
Clarinet	Klarnet
Drum	Davul
Drumsticks	Baget
Flute	Flüt
Gong	Gong
Guitar	Gitar
Harp	Arp
Mandolin	Mandolin
Marimba	Marimba
Oboe	Obua
Percussion	Vurma
Piano	Piyano
Saxophone	Saksafon
Tambourine	Tef
Trombone	Trombon
Trumpet	Trompet
Violin	Keman

Mythology
Mitoloji

Archetype	Numune
Behavior	Davraniş
Beliefs	Inanç
Creation	Yaratiliş
Creature	Yaratik
Culture	Kültür
Disaster	Felaket
Heaven	Cennet
Hero	Kahraman
Immortality	Ölümsüzlük
Jealousy	Kiskançlik
Labyrinth	Labirent
Legend	Efsane
Lightning	Yildirim
Monster	Canavar
Mortal	Ölümlü
Revenge	Intikam
Strength	Kuvvet
Thunder	Gök Gürültüsü
Warrior	Savaşçi

Nature
Doğa

Animals	Hayvanlar
Arctic	Arktik
Beauty	Güzellik
Bees	Arlar
Clouds	Bulutlar
Desert	Çöl
Dynamic	Dinamik
Erosion	Erozyon
Fog	Sis
Foliage	Yeşillik
Forest	Orman
Glacier	Buzul
Mountains	Dağlar
Peaceful	Huzurlu
River	Nehir
Sanctuary	Barinak
Serene	Sakin
Tropical	Tropikal
Vital	Hayati
Wild	Vahşi

Numbers
Şiir

Decimal	Ondalik
Eight	Sekiz
Eighteen	Onsekiz
Five	Beş
Four	Dört
Fourteen	On Dört
Nine	Dokuz
Nineteen	On Dokuz
One	Bir
Seven	Yedi
Seventeen	On Yedi
Six	Alti
Sixteen	On Alti
Ten	On
Thirteen	On Üç
Three	Üç
Twelve	On Iki
Twenty	Yirmi
Two	2
Zero	Sifir

Nutrition
Beslenme

Appetite	İştah
Balanced	Dengeli
Bitter	Aci
Calories	Kalori
Diet	Diyet
Digestion	Sindirim
Edible	Yenilebilir
Fermentation	Fermantasyon
Flavor	Lezzet
Habits	Alişkanliklar
Health	Sağlik
Healthy	Sağlikli
Liquids	Sivilar
Nutrient	Besin
Proteins	Protein
Quality	Kalite
Sauce	Sos
Toxin	Toksin
Vitamin	Vitamini
Weight	Ağirlik

Ocean
Okyanus

Algae	Yosun
Boat	Bot
Coral	Mercan
Crab	Yengeç
Dolphin	Yunus
Eel	Yilan Baliği
Fish	Balik
Jellyfish	Denizanasi
Octopus	Ahtapot
Oyster	İstiridye
Reef	Resif
Salt	Tuz
Shark	Köpekbaliği
Shrimp	Karides
Sponge	Sünger
Storm	Firtina
Tides	Gelgit
Turtle	Kaplumbağa
Waves	Dalgalar
Whale	Balina

Physics
Fizikçi

Acceleration	Hizlanma
Atom	Atom
Chaos	Kaos
Chemical	Kimyasal
Density	Yoğunluk
Electron	Elektron
Engine	Motor
Expansion	Genişleme
Formula	Formül
Frequency	Siklik
Gas	Gaz
Magnetism	Manyetizma
Mass	Kitle
Mechanics	Mekanik
Molecule	Molekül
Nuclear	Nükleer
Particle	Partikül
Relativity	Görelilik
Universal	Evrensel
Velocity	Hiz

Plants
Bitkiler

Bamboo	Bambu
Bean	Fasulye
Berry	Dut
Blossom	Çiçek
Botany	Botanik
Bush	Çali
Cactus	Kaktüs
Fertilizer	Gübre
Flora	Flora
Flower	Çiçek
Foliage	Yeşillik
Forest	Orman
Garden	Bahçe
Grass	Çimen
Ivy	Sarmaşik
Moss	Yosun
Petal	Yaprak
Root	Kök
Tree	Ağaç
Vegetation	Bitki Örtüsü

Politics
Siyaset

Activist	Aktivist
Campaign	Kampanya
Candidate	Aday
Choice	Seçim
Committee	Komite
Council	Konsey
Equality	Eşitlik
Ethics	Etik
Freedom	Özgürlük
Government	Hükümet
National	Ulusal
Opinion	Görüş
Policy	Politika
Politician	Politikaci
Popularity	Popülerlik
Strategy	Strateji
Taxes	Vergi
Victory	Zafer

Professions #1
Meslekler #1

Ambassador	Büyükelçi
Astronomer	Astronom
Attorney	Avukat
Banker	Bankaci
Cartographer	Haritaci
Coach	Koç
Dancer	Dansçi
Doctor	Doktor
Editor	Editör
Geologist	Jeolog
Hunter	Avci
Jeweler	Kuyumcu
Musician	Müzisyen
Nurse	Hemşire
Pianist	Piyanist
Plumber	Tesisatçi
Psychologist	Psikolog
Sailor	Denizci
Tailor	Terzi
Veterinarian	Veteriner

Professions #2
Meslekler #2

Astronaut	Astronot
Biologist	Biyolog
Dentist	Dişçi
Detective	Dedektif
Engineer	Mühendis
Farmer	Çiftçi
Gardener	Bahçivan
Illustrator	Çizer
Inventor	Mucit
Journalist	Gazeteci
Librarian	Kütüphane
Linguist	Dilbilimci
Painter	Ressam
Philosopher	Filozof
Photographer	Fotoğrafçi
Physician	Doktor
Pilot	Pilot
Surgeon	Cerrah
Teacher	Öğretmen
Zoologist	Zoolog

Psychology
Psikoloji

Appointment	Randevu
Assessment	Değerlendirme
Behavior	Davraniş
Childhood	Çocukluk
Clinical	Klinik
Cognition	Biliş
Conflict	Çekişme
Dreams	Hayal
Ego	Ego
Emotions	Duygular
Ideas	Fikirler
Perception	Algi
Personality	Kişilik
Problem	Sorun
Reality	Gerçeklik
Sensation	His
Subconscious	Bilinçalti
Therapy	Terapi
Thoughts	Düşünceler
Unconscious	Bilinçsiz

Science
Bilim

Atom	Atom
Chemical	Kimyasal
Climate	Iklim
Data	Veri
Evolution	Evrim
Experiment	Deney
Fact	Gerçek
Fossil	Fosil
Gravity	Yerçekimi
Hypothesis	Hipotez
Laboratory	Laboratuvar
Method	Yöntem
Minerals	Mineraller
Molecules	Molekül
Nature	Doğa
Observation	Gözlem
Organism	Organizma
Particles	Parçaciklar
Physics	Fizik
Plants	Bitkiler

Science Fiction
Bilim Kurgu

Atomic	Atomik
Books	Kitaplar
Chemicals	Kimyasallar
Cinema	Sinema
Clones	Klonlar
Explosion	Patlama
Extreme	Aşiri
Fantastic	Fantastik
Fire	Ateş
Futuristic	Fütüristik
Galaxy	Gökada
Illusion	Yanilsama
Imaginary	Hayali
Mysterious	Gizemli
Oracle	Kehanet
Planet	Gezegen
Robots	Robotlar
Technology	Teknoloji
Utopia	Ütopya
World	Dünya

Scientific Disciplines
Bilimsel Disiplinler

Anatomy	Anatomi
Archaeology	Arkeoloji
Astronomy	Astronomi
Biochemistry	Biyokimya
Biology	Biyoloji
Botany	Botanik
Chemistry	Kimya
Ecology	Ekoloji
Geology	Jeoloji
Immunology	İmmünoloji
Kinesiology	Kinesiyoloji
Linguistics	Dilbilim
Mechanics	Mekanik
Mineralogy	Mineraloji
Neurology	Nöroloji
Physiology	Fizyoloji
Psychology	Psikoloji
Sociology	Sosyoloji
Thermodynamics	Termodinamik
Zoology	Zooloji

Shapes
Şekilliler

Arc	Ark
Circle	Daire
Cone	Koni
Corner	Köşe
Cube	Küp
Curve	Eğri
Cylinder	Silindir
Edges	Kenarlar
Ellipse	Elips
Hyperbola	Hiperbol
Line	Sira
Oval	Oval
Polygon	Çokgen
Prism	Prizma
Pyramid	Piramit
Rectangle	Dikdörtgen
Side	Yan
Sphere	Küre
Square	Kare
Triangle	Üçgen

Spices
Baharat

Anise	Anason
Bitter	Aci
Cardamom	Kakule
Cinnamon	Tarçin
Clove	Karanfil
Coriander	Kişniş
Cumin	Kimyon
Curry	Köri
Fennel	Rezene
Fenugreek	Çemen
Flavor	Lezzet
Garlic	Sarimsak
Ginger	Zencefil
Nutmeg	Ceviz
Onion	Soğan
Paprika	Kirmizi Biber
Saffron	Safran
Salt	Tuz
Sweet	Tatli
Vanilla	Vanilya

The Company
Şirket

Business	Iş
Creative	Yaratici
Decision	Karar
Global	Küresel
Industry	Endüstri
Innovative	Yenilikçi
Investment	Yatirim
Possibility	Olasilik
Presentation	Sunum
Product	Ürün
Professional	Profesyonel
Progress	Ilerleme
Quality	Kalite
Reputation	Itibar
Resources	Kaynaklar
Revenue	Gelir
Risks	Riskler
Units	Birimler
Wages	Ücretler

Time
Zaman

Annual	Yillik
Before	Önce
Calendar	Takvim
Century	Yüzyil
Day	Gün
Decade	On Yil
Early	Erken
Future	Gelecek
Hour	Saat
Minute	Dakika
Month	Ay
Morning	Sabah
Night	Gece
Noon	Öğle
Now	Şimdi
Soon	Yakinda
Today	Bugün
Week	Hafta
Year	Yil
Yesterday	Dün

To Fill
Doldurmak

Bag	Çanta
Barrel	Fiçi
Basin	Havza
Basket	Sepet
Bottle	Şişe
Box	Kutu
Bucket	Kova
Carton	Karton
Crate	Sandik
Drawer	Çekmece
Envelope	Zarf
Folder	Klasör
Jar	Kavanoz
Packet	Paket
Pocket	Cep
Suitcase	Bavul
Tray	Tepsi
Tub	Küvet
Tube	Tüp
Vase	Vazo

Town
Kasaba

Airport	Havalimani
Bakery	Firin
Bank	Banka
Bookstore	Kitapçi
Cinema	Sinema
Clinic	Klinik
Florist	Çiçekçi
Gallery	Galeri
Hotel	Otel
Library	Kütüphane
Market	Pazar
Museum	Müze
Pharmacy	Eczane
Restaurant	Restoran
School	Okul
Stadium	Stadyum
Store	Mağaza
Supermarket	Süpermarket
Theater	Tiyatro
University	Üniversite

Universe
Evren

Astronomer	Astronom
Astronomy	Astronomi
Atmosphere	Atmosfer
Celestial	Göksel
Cosmic	Kozmik
Darkness	Karanlik
Eon	Eon
Equator	Ekvator
Galaxy	Gökada
Hemisphere	Yarimküre
Horizon	Ufuk
Latitude	Enlem
Moon	Ay
Orbit	Yörünge
Sky	Gökyüzü
Solar	Güneş
Solstice	Gündönümü
Telescope	Teleskop
Visible	Görünür
Zodiac	Zodyak

Vacation #2
Tatil #2

Airport	Havalimani
Beach	Plaj
Destination	Hedef
Foreign	Yabanci
Hotel	Otel
Island	Ada
Journey	Seyahat
Leisure	Boş
Map	Harita
Mountains	Dağlar
Passport	Pasaport
Photos	Fotoğraflar
Restaurant	Restoran
Sea	Deniz
Taxi	Taksi
Tent	Çadir
Train	Tren
Transportation	Taşimacilik
Visa	Vize

Vegetables
Sebzeler

Artichoke	Enginar
Broccoli	Brokoli
Carrot	Havuç
Cauliflower	Karnabahar
Celery	Kereviz
Cucumber	Salatalik
Eggplant	Patlican
Garlic	Sarimsak
Ginger	Zencefil
Mushroom	Mantar
Olive	Zeytin
Onion	Soğan
Parsley	Maydanoz
Pea	Bezelye
Pumpkin	Kabak
Radish	Turp
Salad	Salata
Spinach	Ispanak
Tomato	Domates
Turnip	Şalgam

Vehicles
Araçlar

Airplane	Uçak
Ambulance	Ambulans
Bicycle	Bisiklet
Boat	Bot
Bus	Otobüs
Car	Araba
Caravan	Kervan
Ferry	Feribot
Helicopter	Helikopter
Motor	Motor
Raft	Sal
Rocket	Roket
Submarine	Denizalti
Subway	Metro
Taxi	Taksi
Tires	Lastikler
Tractor	Traktör
Train	Tren
Truck	Kamyon
Van	Van

Weather
Hava

Atmosphere	Atmosfer
Breeze	Esinti
Climate	Iklim
Cloud	Bulut
Drought	Kuraklik
Dry	Kuru
Flood	Sel
Fog	Sis
Ice	Buz
Lightning	Yildirim
Monsoon	Muson
Polar	Kutup
Rainbow	Gökkuşaği
Sky	Gökyüzü
Storm	Firtina
Temperature	Sicaklik
Thunder	Gök Gürültüsü
Tornado	Kasirga
Tropical	Tropik
Wind	Rüzgâr

Congratulations

You made it!

We hope you enjoyed this book as much as we enjoyed making it. We do our best to make high quality games.
These puzzles are designed in a clever way for you to learn actively while having fun!

Did you love them?

A Simple Request

Our books exist thanks your reviews. Could you help us by leaving one now?

Here is a short link which will take you to your order review page:

BestBooksActivity.com/Review50

MONSTER CHALLENGE!

Challenge #1

Ready for Your Bonus Game? We use them all the time but they are not so easy to find. Here are **Synonyms**!

Note 5 words you discovered in each of the Puzzles noted below (#21, #36, #76) and try to find 2 synonyms for each word.

Note 5 Words from *Puzzle 21*

Words	Synonym 1	Synonym 2

Note 5 Words from *Puzzle 36*

Words	Synonym 1	Synonym 2

Note 5 Words from *Puzzle 76*

Words	Synonym 1	Synonym 2

Challenge #2

Now that you are warmed-up, note 5 words you discovered in each Puzzle noted below (#9, #17, #25) and try to find 2 antonyms for each word. How many lines can you do in 20 minutes?

Note 5 Words from **Puzzle 9**

Words	Antonym 1	Antonym 2

Note 5 Words from **Puzzle 17**

Words	Antonym 1	Antonym 2

Note 5 Words from **Puzzle 25**

Words	Antonym 1	Antonym 2

Challenge #3

Wonderful, this monster challenge is nothing to you!

Ready for the last one? Choose your 10 favorite words discovered in any of the Puzzles and note them below.

1.	6.
2.	7.
3.	8.
4.	9.
5.	10.

Now, using these words and within a maximum of six sentences, your challenge is to compose a text about a person, animal or place that you love!

Tip: You can use the last blank page of this book as a draft!

Your Writing:

Explore a Unique Store
Set Up **FOR YOU!**

MEGA DEALS

BestActivityBooks.com/**TheStore**

Designed for Entertainment!

Light Up Your Brain With Unique **Gift Ideas**.

Access **Surprising** And **Essential Supplies!**

CHECK OUT OUR MONTHLY SELECTION NOW!

- Expertly Crafted Products -

NOTEBOOK:

SEE YOU SOON!

Linguas Classics Team

BESTACTIVITYBOOKS.COM/FREEGAMES